Roland Jakubowitz

Astrologie in der Erziehung

Standardwerke der Astrologie

Roland Jakubowitz

Astrologie in der Erziehung

Werde der, der du bist.
Oder: Finde im jetzigen Leben
wieder die innere Balance

CHIRON VERLAG

ISBN 978-3-89997-224-5

Umschlag Judith Hamann, Tübingen
Foto © istockphoto.com
Satz: Ronald Parusel, Sigmaringen
Druck: Finidr, Český Těšin

Zu beziehen im Buchhandel oder über:
Chiron Verlag, Postfach 1250, D-72002 Tübingen
www.chironverlag.com

Inhalt

Einen Menschen erziehen heißt,
ihm zu sich selbst verhelfen.

Peter Altenberg,
Schriftsteller (1889-1919)

Vorwort

Das menschliche Leben ist nicht ein Zufallsgeschehen, das ohne Absicht und Ziel abläuft. Vielmehr ist es der Versuch, einen Plan zu verwirklichen, der in großen Zügen bei unserer Geburt bereits vorgegeben ist. Kein Buch wird geschrieben, ohne dass hierzu ein Plan entworfen wird. So verhält es sich auch mit unserem Lebensplan, der in unserem „Lebensbuch" vorgezeichnet ist. C. G. Jung sagte einmal: „Es macht den Anschein, als ob jeder von uns nach einem Drehbuch lebt, das schon geschrieben ist."

Symbolischer Ausdruck dieses vorgeplanten Lebensentwurfes, den wir ehemals als Entwicklungsprogramm für unsere gegenwärtige Existenz gewählt haben, ist das Geburtshoroskop. Dieses ist sozusagen unser Persönlichkeitsausweis und unsere Identitätskarte für das gegenwärtige Auftreten auf unserem Planeten Erde. Das astrologische Geburtsbild mit seiner Gestirnkonstellation entspricht dem Analogie-Gesetz „Wie oben - so unten, wie außen - so innen". So gesehen gleichen die Planetenstände oben am Sternenhimmel dem Zeigerstand auf dem Zifferblatt jener kosmischen Weltenuhr, die uns anzeigt, wie spät es in uns ist. Dies zu beachten ist wichtig in all unseren Lebenslagen, insbesondere auch in der Erziehung. Das gilt sowohl bei der Fremderziehung im Kindes- und Jugendalter als auch bei der Selbsterziehung im Erwachsenenalter. Der Autor des vorliegenden Buches, Roland Jakubowitz, fragte mich vor etlichen Jahren anlässlich eines Interviews für seine Zeitschrift *Astrologie und Gesundheit* (8/2010): „Sie haben in der Zeit von 1958 bis 1994 als Schulpsychologe im Kanton Zug immer wieder auch Horoskope von Schulkindern erstellt. Was hat das bewirkt? Wäre es nicht sinnvoll, dass sich die Eltern und die Lehrerschaft erzieherische

Hinweise über das Horoskop ihrer Zöglinge einholen würden?" Ich habe ihm damals geantwortet: „In meiner beruflichen Tätigkeit habe ich das Geburtshoroskop meiner Ratsuchenden zusammen mit anderen Psycho-Tests als wertvolles Diagnose-Instrument beigezogen. Dabei konnte ich mich auf den großen Psychologen C. G. Jung berufen, der in seiner psychiatrischen Praxis in Zürich immer wieder das Horoskop seiner Patienten berücksichtigte. Durch die astrologische Analyse konnte ich aufzeigen, dass ein Kind nicht als unbeschriebenes Blatt zur Welt kommt, sondern mit einer Summe von schicksalshaft vorgeprägten Eigenheiten, die es anzuerkennen und erzieherisch zu lenken gilt."

Im Geburtshoroskop eines Kindes wird dessen individuelle Eigenart, die es im Leben zu verwirklichen hat, deutlich sichtbar. Die astronomischen Sternpositionen werden von der astrologischen Psychologie gleichsam als festgelegte Stationen unserer menschlichen Existenz gesehen, an denen wir im Verlauf des Lebens vorübergehen. Durch die Erziehung können wir dem Kind erklären, wie es sich in den verschiedenen Situationen richtig verhalten kann, um an sein angestrebtes Ziel zu gelangen. Das Horoskop zeigt die Leitplanken und Wegmarkierungen unseres Lebensweges auf, denen wir folgen sollen. Danach haben sich die Wahlhandlungen des Menschen zu richten, nämlich seine Schulwahl und Berufswahl, später auch seine Wahl in Freundschaft und Partnerschaft. Den Eltern und Erziehern kann das Horoskop zeigen, wo die Stärken und Schwächen eines Kindes angelegt sind, wo lenkende Vorsorge und Fürsorge angezeigt ist und wo es gefordert und gefördert werden darf. In diesem Sinne vermag die astrologische Deutungskunst tatsächlich eine echte und brauchbare Erziehungs- und Lebenshilfe zu sein.

9. Juli 2013
Dr. Beat Imhof, Dipl. Psychologe

Einleitung

„Die Erwachsenenwelt baut sich übermächtig vor die Welt des Kleinen hin und reißt ihn immer wieder aus seiner Mitte. Wenn das Kind im Trotzalter ist und später meutert – hoffentlich nicht schlimmer als meinungslose Musterkinder –, dann mit dem brennenden Ehrgeiz, selbst jemand zu sein, der, wenn er einmal groß ist, es anders und besser machen wird. Sein zuerst naives, dann immer bewussteres Herausmodellieren der Charakterzüge aus den Grundanlagen ist gemäß der Meinung der Erwachsenen richtig oder falsch. Das zu steuern, solange der Heranwachsende unmündig ist, heißt Erziehung."

Thomas Ring

Bei meinen Vorträgen über die Astrologie wurde ich immer wieder gefragt, welchen Stellenwert denn die Erziehung habe.

Meistens stellten Laien diese Frage, da sie die Auffassung vertreten, dass erzieherische Faktoren viel wichtiger seien, als das, was im Horoskop stehe.

In der Fachliteratur der Astrologie gibt es kaum Beiträge zu diesem Thema. Es gibt wohl Bücher über Kinderhoroskope oder zu Themen darüber, wie z.B. ein „Widderkind" tickt und was es beispielsweise vom „Jungfraukind" unterscheidet.

Gar nicht oder kaum – mir ist davon jedenfalls nichts bekannt – wurden die Wechselwirkungen Kind-Eltern beschrieben, d.h. wie durch den Einfluss von Eltern und Erziehern eine in der Latenz stehende Anlage gefördert oder blockiert werden kann. Das ist eine Lücke, die dieses Werk nun schließen soll.

Wird ein Sprössling in seiner Ur-Anlage wahrgenommen, versteht man, wie sein Selbst gelesen werden muss. Somit ist schon viel erreicht, denn das Akzeptieren einer oft gänzlich anderen Art, einer gegensätzlichen Interpretation von Leben kostet weniger Kraft und Nerven. Um diese rang eine Mutter, welche eine Buchhandlung betrat und fragte: „Haben Sie ein Buch über Kindererziehung?" – „Nein." Worauf sie seufzte: „Haben Sie dann wenigstens ein Buch über „Die Kunst der Selbstbeherrschung?"

Eine Szene, die deutlich macht, dass es für Erzieher gar nicht immer so leicht ist, mit den Anforderungen, die der Nachwuchs stellt, zurechtzukommen. Manch einer wendet sich dann an die astrologische Fachkraft zur Klärung der Frage, warum nun der Sprössling so ist und gar nicht anders sein kann. Dabei stellt sich dann auch – und nicht nur hier – die Frage, wie stark uns ganz allgemein die Erziehung beeinflusst.

Kinder sind anders – Mütter und Väter auch.

Aber es geht auch um Sie persönlich. Bin ich denn eigentlich der, der ich sein kann? Habe ich womöglich Jahre – vielleicht jahrzehntelang – Ressourcen, Fähigkeiten und Talente nicht wahrgenommen und/oder unterdrückt?

Daher soll dieses Buch auch Erwachsenen zu einer Bewusstseinserweiterung verhelfen und Motivation geben, das zu lösen, was durch ihre Eltern und eine ungünstige Erziehung blockiert, unterdrückt oder ganz einfach zu wenig gefördert wurde.

Jedes Kind kommt nicht einfach so als unbeschriebenes Blatt zur Welt, sondern es bringt Anlagen und Geschichten mit, die aus früheren Leben stammen und im Horoskop aufgezeichnet sind. Dabei korrespondieren die Geschehnisse und Erlebnisse der pränatalen Phase mit dieser noch weiter zurückliegenden Vergangenheit.

So ist es auch kein Zufall, dass man gerade diese Eltern, Geschwister, Verwandte und das Umfeld, in das man hineingeboren wurde, angezogen hat.

Der spirituelle Meister Aivanhov hat dazu ein Buch mit dem vielsagenden Titel geschrieben *Die Erziehung beginnt vor der Geburt.*

Und er schreibt darin unter anderem: „Erst müssen die Eltern erzogen werden.“

Der Wiener Arzt Alfred Adler, ein Schüler Sigmund Freuds, schuf eine Form der Psychologie, die vor allem bei der Erziehung der Kinder beste Dienste leistete.

Er stellte fest, dass sich ein Charakter immer nur durch die Wechselwirkung zwischen Mensch und Umwelt bilden kann.

Astrologen sagen, dass das menschliche Schicksal durch die Geburtskonstellation geprägt wird. Die bestimmten Anlagen stehen im Geburtshoroskop und hernach kommt es zu einer Wechselbeziehung Mensch-Umwelt. Die Erziehung der Kinder spielt aber eine große Rolle in der Schicksalsgestaltung.

Stellen sich beim Heranwachsenden zum Beispiel Fragen zur Berufswahl, so kann die Astrologie wertvolle Hinweise geben, und es ist uns Astropsychologen stets eine Freude, wenn wir miterleben, wie rasch sich mit unserer Hilfe Erziehungsschwierigkeiten beheben lassen und wie schnell Unsicherheiten verschwinden. Vieles lässt sich durch eine Dämpfung der Erwartungshaltung der Eltern bewirken.

Dies kam vor, als ich das Horoskop des dritten Sohnes erstellte und dem Vater, einem Bauern, freudestrahlend mitteilte, dass dieser offensichtlich über recht gute handwerkliche und praktische Fähigkeiten verfüge. Seufzend entgegnete dieser: „Schon wieder kein Intellektueller.“ Er hätte es gerne gehabt, einen angehenden Lehrer in der Familie zu haben. Solange das Kind nicht zu alt, d.h. noch formbar ist, ist Zeit genug, ihm zu ermöglichen, der Mensch zu werden, der er in Wahrheit ist. Das kann über ein Zurücknehmen der eigenen Projektionen oder ein stilles Zulassen vonstattengehen.

Lebt Ihr Kind noch bei Ihnen? Stellen Sie fest, dass nur wenig von den in diesem Buch beschriebenen guten Anlagen zu spüren ist? Beginnen Sie damit, sich selbst und Ihre Erziehungsgeschichte infrage zu stellen: Was wurde bis heute unterdrückt? Welche

Einschränkungen, ungünstige Normen, Gebote und Regeln geben Sie (vielleicht unbewusst) weiter?

Ist das Kind schon ausgezogen, erwachsen und vom Elternhaus losgelöst, dann kann ihm dieses Buch Motivation geben, jetzt das umzusetzen, was durch die Erziehung verhindert wurde – gleich, ob es nun 30, 40 Jahre alt oder noch älter ist.

Manches, was hier als praktisches Beispiel aus dem Leben von Schülern und Klienten berichtet wird, liest sich wie ein Krimi; aber ist nicht, liebe Leser, unser Leben manchmal ein solcher?

Ich wünsche Ihnen nun, dass Sie beim Studium dieser Lektüre ebenso viel Freude haben, wie ich es beim Verfassen dieses Werkes hatte.

Bern im Frühjahr 2014
Roland Jakubowitz

Die Astrologie seit der Nachkriegszeit bis heute

Als ich in den 70er-Jahren auf Anregung des Präsidenten der graphologischen Gesellschaft Dr. Gilomen aus Bern astrologische mit graphologischen Gutachten verglich, kamen wir immer wieder zu gleichen oder ähnlichen Resultaten. So war es auch, als ich ihm meine astrologische Analyse zeigte, in welcher stand: Der Betreffende dürfte recht energisch und vital sein, denn Mars, das Prinzip für Wille und Dynamik, war in seinem Horoskop stark gestellt. Er pflichtete mir bei und zeigte mir ein Schriftstück seines Klienten, auf dem man sah, dass dieser mit dem Kugelschreiber so stark beim Schreiben drückte, dass die Schrift noch auf der Rückseite erkennbar war.

Mein Berufskollege, Dr. Peter Niehenke, promovierte in den 80er-Jahren über das Thema Astrologie in Bielefeld. Seither gibt es erstmals seit 1817, als J. W. Pfaff (1784 bis 1825) an der Universität in Würzburg einen Vortag hielt, wieder einen Doktor der Astrologie. Diese Disziplin wurde über all die Jahrhunderte von seinesgleichen mit Passion gepflegt.

So waren bis vor ca. 30 Jahren viele Jahre akademischer Ausbildung Voraussetzung für die Ausübung des Astrologenberufes. Damals musste ein Studierender der Astrologie sphärisch-trigonometrische Mathematik beherrschen, um ein Horoskop mithilfe von Logarithmen berechnen zu können. Diese Arbeit allein dauerte mehrere Stunden.

Hochgebildeten Menschen, zumeist Apothekern, Drogisten (wie in Bern z.B. Dr. Nyffenegger), Ärzten, Lehrern, Oberstudienräten, Schriftsetzern, Dichtern, Diplom-Ingenieuren, Pfarrern, Mönchen, unter anderem auch dem ehemaligen Schulpsychologen der Stadt

Zug, Dr. Beat Imhof, haben wir es zu verdanken, dass das Wissen über die Deutung der Horoskope bis in die heutige Zeit bewahrt wurde.

Nachdem mit dem Computer, der seit den 70er-Jahren den Astrologen die Arbeit der Berechnung abnahm, die Voraussetzung einer akademischen Ausbildung wegfiel, wurde der Weg frei für Ungebildete, die sich seither in den Massenmedien als „Top-Astrologen" präsentieren. (Keiner der alten Koryphäen hätte sich angemaßt, so etwas von sich zu sagen.) Ihrem nie-drigeren Niveau gemäß verbreiten die sich in der Öffentlichkeit Präsentierenden häufig nichts anderes als kosmopsychologischen Unsinn. Die Aussagen sind seicht und mit Mangel an Respekt und Achtung gegenüber der Grenzwissenschaft Astrologie.

Die Oberflächlichkeit materiell denkender Medienmacher, die nur daran interessiert sind, damit Geld zu verdienen, macht den Missbrauch dieses wertvollen Wissens möglich, durch eine Zusammenarbeit mit Leuten, die das wunderbare Erbe unserer Vorfahren missachten. Leider bleibt dabei die spirituelle Wahrheit auf der Strecke.

Wenn heute vonseiten der Akademiker beißende Kritik an der Astrologie geübt wird, dann ist dies/das aus diesem Grunde verständlich. Andererseits aber muss man ihnen ankreiden, dass sie weder Pappe von Brot unterscheiden können, noch sich ernsthaft mit der Astrologie auseinandergesetzt haben.

Wäre das der Fall, so könnte es ihnen wie *Michel Gauquelin* ergehen, der die Astrologie widerlegen wollte, und der sich aber dann nach der Erforschung von Zehntausenden von Horoskopen zur Astrologie bekannte.

In seinem Buch *Die Uhren des Kosmos gehen anders* hat er ebenso Beweise erbracht wie Gunther Sachs in seinem Bestseller *Die Akte Astrologie.*

Auch dieser kam aufgrund eines umfänglichen Forschungsmaterials zur Erkenntnis: „Da ist mehr als etwas dran."

Den Anstoß dazu, sich mit diesem Thema zu befassen, erhielt er im Jahre 1979, als man ihm im Schweizer Radio eine astrologische Prognose, die zwölf Monate zuvor anhand seiner Geburtsdaten erstellt und auf Band gesprochen worden war, vorspielte.

Damals präsentierte ihm der Moderator Hendrik Rhyn diese Metagenese. Erstaunt rief Gunther Sachs damals aus: „Ich kann es nicht glauben, dass er das nicht schon gewusst hatte.“ Und auch die weiteren Prominenten, wie der Entertainer „Emil“, der Bundesrat und Preisüberwacher Leon Schlumpf, die Olympiasiegerin in der Skiabfahrt, Marie-Theres Nadig, der ich wie anderen aufzeigte, dass es neben der Quantität auch eine Qualität der Zeit gibt, waren verblüfft. Letztgenannte bestätigte einen von mir auf Mai prognostizierten Rechtskonflikt. (Sie bekam nach ihrem Olympiasieg von Sapporo Land geschenkt. Als sie darauf bauen wollte, gab es in dem genannten Monat Einsprüche.)

Hüter der psychologischen Astrologie waren in der Nachkriegszeit z.B. auch der Berner Lehrer Dr. Alfred Fankhauser (*Das wahre Gesicht der Astrologie*), der Wiener Dr. Fidelsberger (*Astrologie 2000*) und die in Zürich lebende Tochter von C. G. Jung, Gret Baumann-Jung.

Astrologie, Psychologie, Spiritualität, Erbgut und Erziehung.

Von der Verwicklung zur Entwicklung

Von Clemens J. Setz, Autor des Buches *Indigo,* stammt der Satz: „Wir sind imstande, Menschen zu foltern, wenn davon unser Kopfweh besser wird. Ich glaube, etwas stimmt nicht mit uns. Wahrscheinlich unser Erbgut."

Nachdem vor allem Psychologen und Astrologen bisher daran interessiert waren, aus den Tiefen der Seele mehr ans Licht zu bringen, befassen sich seit einiger Zeit auch die Genforscher damit.

Diese vertreten die Auffassung, dass Vorlieben, Charakterzüge, körperliche und geistige Stärken oder Schwächen zu einem nicht geringen Maße in unserem Erbgut verankert seien und sich nur in begrenztem Umfang durch Erziehung und Training formen lassen. Nichts anderes sagen die Astrologen, welche seit jeher von einer schicksalhaften Anlage sprechen.

Die Erziehung hat großen Einfluss auf die Frage, ob das, was da latent vorhanden ist, auch zur vollen Entfaltung kommt oder eben nicht. Eltern und Großeltern bestimmen entscheidend mit, sie sind damit aber nicht allein für das daraus resultierende Schicksal des Kindes verantwortlich. Früher oder später wird dieses mehr und mehr vom sogenannten Schicksal geformt.

So wie in der Partnerschaft oftmals derjenige passt, der „nicht zu einem passt", ist es in der Beziehung Eltern-Kind so, dass man wie überall im menschlichen Zusammenleben auch auf diesem Gebiet eine Vorgeschichte mitbringt. Der spirituelle Meister St. Kirpal Singh sagte: „Kinder, das sind unsere Schulden aus früheren Inkarnationen."

Es ist daher kein Zufall, dass eine Seele Eltern anzieht, die mit ihrem Schicksal korrespondieren und die sich förderlich oder hemmend auf sie auswirken. Kind und Eltern verbindet ein karmisches Band: Eltern sind gewissermaßen karmische Knetmasse. Das Kind hat zur Familiensituation karmisch beigetragen. All dies ist nicht auf der Ebene Schuld-Unschuld zu interpretieren, sondern es ist, wie es ist, und damit ist es wertfrei zu betrachten.

Die psychologisch-spirituelle Astrologie

Bald jeder Laie weiß, dass es zwölf verschiedene Tierkreiszeichen gibt. Hingegen ist kaum bekannt, dass sich dahinter zwölf psychologische Gesetzmäßigkeiten befinden, dass es zwölf grundlegende Talente und Möglichkeiten eines Lebensstils gibt, dass es ebenso viele gibt, um Probleme zu schaffen, und genauso viele, um Probleme zu lösen.

Hat jemand z.B. die Sonne im Widder, dann sagt der Laie: „Ich bin Widder“, so bezeichnet dies eine ganz spezielle Aufgabe, nämlich die, dass er sich besonders mit dem Thema Aggressionen und physischer Durchsetzung beschäftigen muss. Aber genau da kann dann sein Problem liegen. Ein Widder kann eine Sportskanone sein (konstruktiv) oder andere attackieren (destruktiv) oder aber die vitalen Kräfte verdrängen und sich als antriebsarmer Mensch durchs Leben mogeln (defizitär).

Frühe Erfahrungen, die Erziehung und das im Horoskop erkennbare Erbgut bestimmen Charakter und Entwicklung.

Der Heranwachsende soll seinem angeborenen Plan und Rhythmus folgen. Ist er sich dessen nicht bewusst, so geht er in die Irre. Der Londoner Verhaltensgenetiker Robert Plomin sagt:

„Die Stärken und Schwächen der Kinder liegen teilweise an genetischen Unterschieden. Ein unsportliches Kind wird wahrscheinlich nie eine Medaille bei einer Olympiade gewinnen. Eltern sollten also versuchen, die Begabungen ihrer Kinder herauszufinden und diese früh fördern."

Doch da das beim heutigen Stand der Genforschung nicht möglich ist, stellt sich die Frage: Wie findet man diese früh heraus? Die Antwort ist einfach: indem man in das Horoskop des Kindes schaut!

Im Folgenden beziehe ich mich auf die Veden, die ewigen Wahrheiten, die Gott den großen alten Rishis Indiens offenbart hat. Das Wort Rishi bedeutet Seher und kommt von Dris, sehen. Die Wahlfreiheit, der freie Wille, ist zu zwei Dritteln gegeben. Das sei gemäß Veden das Kryaman-Karma. Damit ist nicht gemeint, dass man nun die Freiheit hat – einfach gesagt –, auf einmal Fische statt Jungfrau zu werden. Diese liegt darin, die dem persönlichen Sonnenzeichen zugeschriebenen Anlagen im Laufe der Zeit gut auszubilden: Bei den Fischen z.B. sind es die Intuition und das visuelle Vorstellungsvermögen, bei der Jungfrau sind es die intellektuellen und analytischen Fähigkeiten und die Beobachtungsgabe usw.

Ein Drittel ist Pralabdha-Karma und damit schicksalhaft – also karmisch eine unabdingbare Vorgabe.

Im Grunde genommen ist all das, was im Horoskop steht, nichts anderes als eine Reaktion auf vergangene Taten und Gedanken.

Begabungen, Schwächen und konkrete Lebensaufgaben stehen im Horoskop (auch Radix genannt), ersichtlich aus den zwölf Zeichen, den Prinzipien wie Sonne, Mond, Aszendent, dem Medium Coeli, Mondknoten und den Planeten, aus ihrer Stellung in den zwölf Häusern und aus den Aspekten der Prinzipien – Konstellationen genannt. Gegen zwei Dutzend, manchmal sogar bis zu 30 und mehr Lebensthemen finden wir in diesem „Kosmo-Psychogramm". Demnach hat der Mensch drei Wahlmöglichkeiten: 1. aktiv-positiv (konstruktiv), 2. aktiv-negativ (destruktiv), 3. passiv (defizitär).

Bei allen Konstellationen teilen wir ein in unerlöste bzw. unentwickelte Form oder in erlöste bzw. entwickelte Form.

Nehmen wir als Beispiel das Mars-Prinzip, definiert durch den Planeten Mars oder das entsprechende Tierkreiszeichen, den Widder. Hier geht es nicht in erster Linie um die Schulung der Wahrnehmung (Jungfrau) oder der Intuition (Fische), sondern um das Aggressionspotenzial. Wie geht der Einzelne damit um? Wird er andere attackieren und verletzen (destruktiv)? Oder bleibt der Betreffende passiv und verbringt seine meiste Zeit faul auf der Couch (defizitär)?

Dies hat typischerweise zur Folge, dass er, nach dem Gesetz der Anziehung, einen Aggressor anzieht, der auf ihn Einfluss nimmt. (Siehe dazu auf den folgenden Seiten das Beispiel mit dem Yin-Yang-Thema.)

Nutzt er dagegen die Möglichkeit, offen, direkt, spontan und mutig seinen Weg zu gehen und adäquat der Situation das zu sagen und zeigen, was er will und was nicht, so lebt er diese Anlage gemäß seiner karmischen Vorgabe auf konstruktive Art aus. Er wird damit womöglich zudem noch andere zu Offenheit und Spontaneität ermuntern.

Im ersten und zweiten Falle hat der Einzelne negative Konsequenzen zu erwarten, im dritten ergibt sich Positives. Ist also jemand klug genug, wählt er den letztgenannten Weg und schafft sich so noch nebenbei ein gutes Karma. Karma heißt handeln – aber richtig, also nicht warten und etwa eine unangenehme Situation aushalten oder aussitzen.

Im Horoskop steht die Geschichte, welche wir in dieses Leben mitbringen, und zugleich die Vorgabe, Aufgabe und Lösung!

Kein Mensch kann sich diesen Dingen verschließen. Manche sagen: „Ich lebe bewusst und brauche den Blick ins Horoskop nicht." Doch das bedeutet in Wahrheit, dass er unbewusst lebt. Ist er bereit, sich seine Themen anzuschauen, indem er zu einer Astrologin, einem Astrologen geht, dann sieht er all das, was er sich erarbeitet hat, was ihm das Leben geschenkt hat und was es ihm bietet und abverlangt. Dann wird ihm bewusst, welche Ressourcen, Talente, Fähigkeiten er hat und welche Aufgaben, Auflagen und Vorgaben. Er erfährt, wo er sich weiterentwickeln kann, und gelangt damit zu einer Bewusstseinserweiterung. Am besten ist es, wie die Astrologin Gret Baumann-Jung, Tochter von C. G. Jung einmal sagte, dass der Einzelne eine astrologische Ausbildung bei einer erfahrenen und fachspezifisch wie psychologisch gut ausgebildeten Fachkraft besuchen sollte. So kann er sich Schritt für Schritt in sein Lebensthema hineinarbeiten und sich das Erfahrene – über Wochen und Monate – mehr und mehr verinnerlichen.

Manche, die sich über ihr Lebensdilemma beklagen, bekommen so eine andere Einsicht in die Dinge und viele hören dann damit auf, wissen diese doch nun, dass der Geist stark genug ist. Und so lösen sich auch Blockaden auf, kommt manches im Leben mehr in Fluss.

Bedürfnisse, Vorgaben und Entwicklung der Kinder

Der Persönlichkeitspsychologe Jens Asendorpf, Professor an der Berliner Humboldt-Universität mit dem Fachgebiet Persönlichkeitspsychologie, vertritt erstaunlicherweise die Ansicht, dass in der frühen Kindheit gar nichts festgelegt wird, beispielsweise mit der Aussage: „Freud hatte Unrecht."

Die folgenden Aussagen decken sich mit der Meinung vieler Astrologen und Psychologen:

„Etwa 50 Prozent der Variabilität sind den Erbanlagen geschuldet, die anderen 50 Prozent den Umwelteinflüssen. Belegt durch Langzeitstudien wissen wir: Bis zum Alter von 50 Jahren nimmt die Stabilität der genannten Dimensionen zu … Und selbst im jungen Erwachsenenalter ist die Persönlichkeitsbildung nicht abgeschlossen."

Daniel Rettig, Autor der *Wirtschaftswoche* (3/2009) schreibt:

„Was tun manche Eltern nicht alles für ihre Kinder: Sie schicken sie im Kindergartenalter zur musikalischen Früherziehung und lassen Grundschüler Instrumente lernen. Sie melden sie auf teuren Privatschulen an, und wenn es mit den Noten nicht klappt, geht es nachmittags zum Nachhilfelehrer. Der Therapeut hilft bei psychologischen Problemen, bei Übergewicht der Sportverein. All das soll helfen, um aus dem Nachwuchs das Beste herauszuholen und den Weg in ein erfolgreiches Privatleben zu ebnen. Alles nicht verkehrt. Manchmal hilft es ja auch. Manchmal aber auch nicht."

Der Autor schreibt weiter:

„Neueste Erkenntnisse von Molekularbiologen, Neurowissenschaftlern, Genforschern und Psychologen reflektieren diese in ihren Büchern und fragen sich: ‚Kommt der Mensch mit einem genetischen Programm auf die Welt? Einem, das ihr Leben auf dem Karriereweg mindestens genauso stark beeinflusst wie der finanzielle und soziale Hintergrund?'"

Zudem weist er auf Dutzende Studien zu diesem Thema hin, wie z.B.: „Zum Entscheiden geboren", „Persönlichkeit, Entscheidung und Verhalten" oder „Tatort Gehirn – die mehr oder weniger erfolgreichen Versuche der Menschen, sich zu verändern". „Ich bin so wie ich bin" ist kein Ausdruck pubertierender Jugendlicher, sondern vielmehr die Unfähigkeit: „Ich kann gar nicht anders. Es ist in meinen Genen festgelegt."

Ich behaupte, die Forscher kämen einen großen Schritt voran, wenn sie die Astrologie mit einbeziehen würden, denn so wie sich Horoskopanalyse und graphologische Gutachten decken, wird es sich auch mit dem genetischen Code verhalten. Die Astrologie könnte den noch zu oft im Dunkeln tappenden Genforschern auf die Spur helfen.

Anlage und Erziehung – Ein Beispiel

Ein Fische-Kind, welches von Natur aus sanft, liebevoll, gütig und sozial eingestellt ist, kommt weinend nach Hause: „Buuhuu. Der Nachbarsjunge hat mich gehauen." Mama und Papa, in diesem Falle selbstbewusste, dynamische Feuereltern, vielleicht Widder und Löwe, schauen sich an und entgegnen: „Was, der hat dich gehauen?! – Nun geh' aber raus und gib ihm das zurück. Du musst dich wehren!"

Der sensible Junge, welcher den Umgang mit den physischen Mitteln nicht beherrscht, dafür mit der Begabung zur Welt gekommen ist, Blockflöte und Harfe zu spielen – seine Eltern hätten ihn lieber im Boxverein gesehen –, verschwindet in den Keller. Dort liest er in seinem Versteck *Harry Potter* oder einen utopischen Roman und hört, als er eine Stunde später zufrieden nach Hause kommt, anerkennende Worte seiner Eltern: „Na, siehst du, es geht ja auch so!"

Weil er sich nicht verstanden fühlt, beginnt er früh damit, Dinge zu vertuschen, zu verschleiern und zu verbergen: Darin erkennt man die unerlöste, unentwickelte Charakteristik einer Fische-Sonne oder eines Neptuns. Und später sagt man über ihn: „Der Mann hat keinen Charakter."

Er wird ein Leisetreter im Berufsleben, der sich auch im Eheleben nie stellt, der stets ausweicht und in der Gesellschaft als der Stille wahrgenommen wird, welcher Rätsel aufgibt. Depressionen begleiten sein von Angst geprägtes Leben.

Wären Frau Mama und Herr Papa vielleicht Krebs und Skorpion und damit aus gleichem Holz geschnitzt wie er, würden sie ihn sofort in die Arme nehmen und sagen: „Dieser böse Junge da. Na, wir werden uns bei seinen Eltern beschweren." Hier hätte er sich zwar in seiner Art auszuweichen und Schutz zu suchen bestätigt gefühlt. Es wäre ihm aber damit die Chance genommen worden, sich selbstständig in Krisensituationen zu behaupten. Alles im Leben hat ja seine zwei Seiten.

Betrachtet man das Horoskop entwicklungspsychologisch, so finden wir folgende Entwicklungsschritte, die den zwölf Planetenprinzipien entsprechen:

Widder/Mars	Geburt, das Hineinkämpfen ins Leben
Stier/Venus	Sicherheit suchen, sich „verwurzeln", Nahrung aufnehmen
Zwillinge/Merkur	Verzweigung, „hoppla, da gibt es ja außer mir und der Mutter noch andere."
Krebs/Mond	Geborgenheit, Zärtlichkeit, umsorgt werden (Bekleidung)
Löwe/Sonne	„Ich bin wichtig – etwas Besonderes."
Jungfrau/Chiron	Hygiene und Sauberkeit, erste Verbesserungen/Korrekturen finden statt.
Waage/Venus	Sich ein ästhetisch schönes Umfeld schaffen
Skorpion/Pluto	Das Bewusstwerden eigener Einflussmöglichkeiten, erfahren, welche Macht es hat – und seine Grenzen wahrnehmen
Schütze/Jupiter	Vertrauen, „kann ich dieses zu Mutter, Vater und anderen sagen?" Und: „Wo darf es ruhig etwas mehr sein?"
Steinbock/Saturn	Verzichte. „Ja, gibt es das auch?" Und: „Wann muss ich auch mal alleine spielen?- Welche Strukturen sind da, welche Regeln?"

Wassermann/Uranus	Nicht alles geht immer nach Plan aber dafür gibt es immer mal positive Überraschungen.
Fische/Neptun	Träume sind stetige Begleitung. Erste Wünsche und Visionen kristallisieren sich heraus.

Wurden die eigentlichen Fähigkeiten des Horoskopeigners bei der Erziehung nicht berücksichtigt und ist damit seine Ur-Anlage nicht ausgebildet, sondern stattdessen blockiert, kann er *genau da* seine Probleme haben:

Die „Zwillinge" z.B. mit der Kommunikation, der „Krebs", weil er seine Gefühle nicht zeigen und austauschen kann, der „Löwe", da er zu wenig Selbstbewusstsein hat usw.

Die drei Entwicklungsstufen

Unterdrückung = defizitär, Übersteigerung = destruktiv, ausbalanciert/entwickelt = konstruktiv

Die klassische Astrologie teilte in gut und schlecht ein und damit nur in konstruktive oder destruktive Komponenten. Ein weiterer Faktor aber wurde übersehen, eine etwas „verschwommene" Form, die als defizitär bezeichnet wird. Konstruktives und destruktives Handeln lässt sich anschaulich am Verhalten zeigen, vergleichsweise mit folgender Situation: Jemand kommt an einem Fluss vorbei und sieht, wie ein Mensch am Ertrinken ist und um Hilfe ruft, und er springt hinein, um diesen zu retten. Eine konkrete Handlung, die konstruktiv ist. Destruktives Verhalten wäre, wenn der Passant so reagiert, wie es in einem Witz vorkommt. Der Ertrinkende war ein Engländer, der „Help, Help!" rief. Der am Ufer Stehende aber geht weiter und murmelt: „Der hätte besser Schwimmen lernen sollen statt Englisch!"

Das defizitäre Verhalten ist nicht unmittelbar erkennbar. In diesem Fall verschwindet der Spaziergänger in den Büschen: „Ich habe nichts gesehen und nichts gehört".

Im Ursprung ist jede Anlage konstruktiv. Defizitär, d.h. unbeeinflussbar aber ist logischerweise alles, solange wir im Mutterleib sind. In der pränatalen Phase können wir keinen Einfluss nehmen.

Zum anderen geschieht all das, was wir in dieser Zeit erleben, nicht zufällig. In diesen (gewöhnlich) neun Monaten wird schon das erste Kapitel einer karmischen Affinität geschrieben und es kommt zu Prägungen.

1. Die destruktive, übersteigerte Art

Die zur Verfügung stehenden Kräfte werden falsch eingesetzt: nicht am rechten Ort und nicht in der richtigen Dosis. So, als ob z.B. jemand mit dem Auto alle Regeln ignoriert und ohne Rücksicht auf Verluste durch die Landschaft rast.

2. Die defizitäre und damit unterdrückte Art

Hier wird die Energie verdrängt. Auf diesem Level ist der Betreffende passiv und zeichnet sich durch Nichtstun aus. Er hat einen Wagen, lässt ihn jedoch in der Garage verrosten.

3. Die konstruktive und damit ausbalancierte/entwickelte Art

Er setzt seine Kräfte gut ein: am rechten Ort, zur rechten Zeit und mit adäquater Energie. Vielleicht wartet er auch mal ab, aber er beherrscht grundsätzlich das Gefährt.

Der Idealzustand. Was auch im Zusammenhang mit dem Yin-Yang-Symbol grafisch gut darstellbar ist: Männlich-aktiv = Yang. Weiß. Weiblich-passiv = Yin. Schwarz.

Mit einer Grafik will ich die drei Möglichkeiten skizzieren, wie eine Konstellation zum Ausdruck gebracht werden kann:

Hier hat der Betreffende Yin-Yang ins Gleichgewicht gebracht und so die Harmonie mit sich, der Welt und dem Kosmos erlangt.

Im destruktiven Falle sieht es anders aus:

Yang ist im Überschuss vorhanden, Yin im Defizit.

Wird dagegen alles verdrängt und ist der Betreffende passiv im Verhalten, so besteht ein Yin-Überschuss:

Das Yang befindet sich im Defizit.

Die Regel besagt, dass er in diesem Falle nach dem Gesetz des Ausgleichs das Destruktive anzieht. So erfolgt – wenn auch in ungünstiger Art und Weise – ein Ausgleich, und die Harmonie wird hergestellt. – Beide bilden so ein harmonisches Ganzes.

Das Ziel einer Entwicklung sollte sein: ins Konstruktive zu kommen – von der *Ver*wicklung in die *Ent*wicklung. Ist das erreicht, so ist das ein Segen für das ganze Umfeld und die Gemeinschaft aller Menschen, trägt doch jeder de-blockierte Mensch dazu bei, dass auch andere ein mit weniger Kümmernissen behaftetes Leben führen können.

Eltern, Großeltern, Verwandte und Erzieher können da früh Einfluss nehmen und brachliegende Talente und Fähigkeiten fördern oder blockieren. Die Erziehung spielt eine wichtige Rolle, doch die Meinung, dass (sich) alles (nur über diese abspielt) von der Erziehung abhängt, ist falsch, ebenso wie die, dass erzieherische und Umweltfaktoren keinen Einfluss haben.

Die zwölf Anlagen

Von der positiven Auswirkung bei ihrer Entfaltung und der negativen im Falle einer Unterdrückung

Zum Verständnis: All diese zwölf Anlagen schlummern auch in uns, sind also nicht exklusiv nur jeweils für Widder, Krebs, Jungfrau oder Wassermann gültig. Nicht immer trifft das, was man unter seinem sogenannten Tierkreiszeichen (in dem Zeichen, in dem die Sonne steht) liest, auch zu. So kann es durchaus sein, dass sich z.B. ein Fische-Geborener besser wiedererkennt, wenn er von den für das Zeichen Löwe zugeordneten Charaktermerkmalen liest. Das ist möglich, wenn sich die Sonne (das Herrscherprinzip dieses Zeichens) in Konjunktion mit dem Aszendenten Löwe befindet. Oder ein Widder findet die Beschreibung des Zeichens Krebs auf ihn zutreffend, da der Mond, zugeordnet dem Krebs, in markanter Position des persönlichen Horoskops steht.

Grundsätzlich aber werden die Dinge, welche man dem Widder, Stier, Zwillinge usw. zuschreibt, zum großen Teil zutreffen, neigt doch der Mensch in Krisensituationen dazu, sich immer auf den Sonnenstand (eben das Tierkreiszeichen) zurückzuziehen und von dessen Standpunkt aus zu reagieren. Damit dürfte auch die oft gestellte Frage beantwortet sein, was denn nun stärker sei, der Aszendent oder das Sonnenzeichen.

Also: All das, was nun folgt, gilt mit einem zwölftel Anteil auch für alle anderen, ob nun Jungfrau oder Fische, Stier oder Skorpion usw.

Erst die Deutung des persönlichen Horoskops nach Geburtsdatum, Stunde und Ort zeigt das ganze Potential des Einzelnen auf.

Was wir voneinander lernen können

Die alten Griechen sagten: „Du bist ganzheitlich, wenn du alle Anlagen der zwölf Tierkreiszeichen in dir zur Entfaltung gebracht hast.“

Das ist einfacher gesagt, als getan, denn es liegt in der Natur des Menschen, dass er mit Defiziten durchs Leben geht und sich im Kampf mit seinen destruktiven Anlagen befindet. Aber dieses Modell der zwölf Anlagen, Fähigkeiten und Talente bietet einen sinnvollen Anreiz zur persönlichen Weiterentwicklung. Es zeigt an, wo wir noch etwas zu verbessern haben und dass wir auf Stärken, die wir bisher als selbstverständlich betrachteten, durchaus stolz sein können.

Von all den unzähligen Talenten können im Rahmen von zwölf Gesetzmäßigkeiten ebenso viele grundsätzlich bestimmt werden. Beispiel: musisches Talent.

Differenziert betrachtet drückt sich das wie folgt aus: Der eine ist begabt, Geige zu spielen, der andere beherrscht das Klavierspiel und ein Dritter die Blockflöte usw.

Ebenso wie wir auf zwölf Arten Probleme schaffen können, gibt es zwölf Methoden der Problemlösung.

Es gibt zwölf Methoden

seinen Willen zu äußern, Sexualität zu leben
Widder*/Mars

mit der Materie umzugehen und Sinnlichkeit zu leben
Stier/Venus

zu kommunizieren und flexibel zu sein
Zwillinge/Merkur

Gefühle zu zeigen und diese auszutauschen
Krebs/Mond

des Lebensstils, der persönlichen Eigenart
Löwe/Sonne*

zu heilen, etwas zu verbessern, zu korrigieren, zu präzisieren
Jungfrau/Chiron

Verbindungen zu pflegen und Dinge schön zu finden
Waage/Venus

mit Macht und Magie umzugehen, zu forschen
Skorpion/Pluto

zu glauben, zu vertrauen und zu expandieren
Schütze/Jupiter

konzentriert zu arbeiten und Karriere zu machen
Steinbock/Saturn

Eigenständigkeit/Autonomie zu erlangen
Wassermann/Uranus

zu meditieren und nach der Intuition zu leben
Fische/Neptun

*Das heißt: Am stärksten ist der Mars spürbar, wenn er sich im Zeichen Widder befindet, so wie z.B. der Mond im Krebs, der Merkur im Zeichen Zwillinge usw. Die darin verborgenen Talente sind dort zu Hause, was nicht heißen soll, dass

a) jeder Mensch, der in diesem Zeichen geboren ist, die entsprechende Qualität auf konstruktive Weise lebt. Und
b) dass den in anderen Zeichen Geborenen diese Fähigkeiten fehlen, denn jeder hat einen Mars, eine Sonne, einen Mond, einen Merkur usw. im Horoskop.

Das Widder- und Mars-Prinzip: Sich durchsetzen lernen

21. März bis 20. April

Willensäußerung, Risikobereitschaft, Bedürfnisse zeigen, seinen natürlichen Impulsen folgen, Umgang mit dem Aggressionspotential.

Non potest athleta magnos spiritus ad certamen adferre, qui numquam suggilatus est:

Ein Athlet, der nie grün und blau geschlagen worden ist, wird keinen großen Kampfgeist zum Wettkampf mitbringen.

Möglicher Lieblingsspruch: „Auf in den Kampf!"

Horoskop mit starkem Widder/Mars-Thema

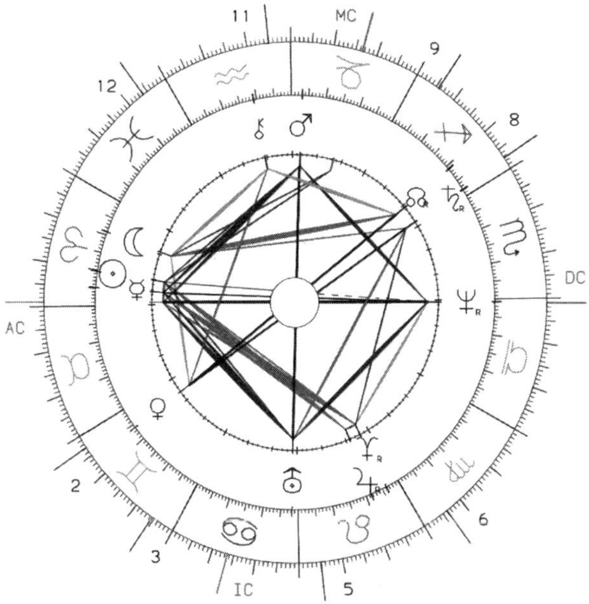

Die Sonne steht gemeinsam mit dem Aszendenten (AC), Mond und Merkur im Feuerzeichen Widder.
Dazu bildet der Herrscherplanet von Widder = Mars einen markanten Winkel (Aspekt genannt). Eine starke Widder-Mars-Thematik! (Mehr dazu im Anhang.)
Von Professor Fedor Freyberg, dem ehemaligen Präsidenten der Gesellschaft für prä- und perinatale Medizin und Psychologie aus Stockholm, stammen die Worte: „*Würde ein Kind nicht schon im Mutterleib Aggressionen entwickeln, so könnte es nicht überleben.*"

Der Aggressionstrieb wird dem Widder- und Mars-Prinzip zugeordnet und stellt für den Widder die wichtigste karmische Aufgabe dar. Diese Aufgabe haben auch alle anderen Tierkreiszeichen, allerdings ist diese meist weniger grundlegend als beim Widder. Stellt nun jemand, der in einem anderen Zeichen geboren wurde, fest, dass das auch bei ihm ein zentrales Thema ist, dann wird man das mit dem Blick ins Horoskop bestätigt finden. (Jeder hat einen Mars im Horoskop.) Markant steht der Mars z.B. am Aszendenten – und das ist für ca. eine halbe Stunde Tag für Tag der Fall. Das ist daher auch bei Personen, die im Zeichen Jungfrau, Fische, Stier oder Skorpion usw. geboren sind, möglich.

Jene, welche das Aggressionspotential perfekt einsetzen, werden seit jeher von der Gesellschaft hoch geschätzt, ja verehrt. Früher waren es Herrscherpersönlichkeiten wie Napoleon oder Nero, in neuerer Zeit ist es der Torschützenkönig im Fußball, der Boxer, der Kung Fu-Kämpfer oder der Rock-Star, der auf der Bühne seine Gitarre traktiert.

Der im Zeichen Widder Geborene Jean Paul Belmondo scheute sich nicht, selbst lebensgefährliche Szenen zu übernehmen.

Dass ein Übermaß an Aggressionen zu schweren Konflikten führen kann, liegt auf der Hand. Der Schläger landet früher oder später im Gefängnis oder in der Verwahrung, und Väter oder Mütter, die ihre Kinder schlagen, richten bei den Heranwachsenden irreparable Schäden an.

Ein sublimiertes Aggressionspotential führt zu exzellenten Schöpfungen – z.B. in der Dichtkunst oder Malerei.

Unverarbeitete emotionale Erlebnisse wie z.B. Enttäuschungen, Traurigkeit oder Bitternis verursachen Stauungen. Verdrängte Aggressionen führen zu Eskalationen, Unfällen, Mord und Kriegen sowie gesundheitlichen Störungen bis zum Tod. Als ein Beispiel ist Walerij Lobanowskyj zu nennen, der Fußball-Trainer der sowjetischen und der ukrainischen Nationalmannschaft, der nie ein Interview gab. Dieser saß, ob nun ein Tor fiel oder nicht, ob gut oder schlecht gespielt wurde, unbeweglich wie ein Stein, stets kontrolliert und beherrscht und gänzlich regungslos auf seiner Bank, wie nach dem Motto: „Ich habe alles jederzeit unter Kontrolle." Als er einmal doch ganz kurz den Arm hob (vielleicht um eine lästige Fliege zu verscheuchen), hieß die Schlagzeile am nächsten Tag: Er lebt! Mit kaum 60 Jahren starb er an einem Herzinfarkt.

Heutzutage haben Funktionäre der Fußballverbände die Rolles eines dritten Schiedsrichters kreiert. Dieser verbannt den Trainer bei einem emotionalen Ausbruch auf die Tribüne. Das ist pure Unterdrückung des Mars/Widder-Prinzips. Wenn das Herz nicht sagen kann, was es fühlt, wird es krank.

In der Astropsychologie geben die Stellung von Mars und die Zeichenbesetzung im Widder Aufschluss darüber, wie intensiv, konstruktiv oder problematisch das Potential eines Einzelnen ist. Oben erwähntes Beispiel entspricht einer klassischen Problemstellung von Mars und Sonne.

Pränatale Prägungen

Die Eltern sind schicksalsmäßig mit dem Kind verbunden und eine Verbindung ist nicht zufällig. Die Ursache liegt in der Vergangenheit, denn der Mensch kommt nicht als unbeschriebenes Blatt auf die Welt. Erfahrungen aus unzähligen Inkarnationen liegen im Dunkel seines karmischen Speichers. Und aus diesem rekrutieren sich Aufgaben für eine neue Inkarnation. Was in der pränatalen Zeit erlebt wird, steht in Affinität zur Vergangenheit und ist Teil seines Schicksals. Hier „verdichtet sich“ gewissermaßen das, was der Betreffende in einem anderen Leben erwirkt hat. Aus spiritueller Sicht ist dieses weder gut noch schlecht, sondern dient einzig und allein seiner Entwicklung. Das Elternhaus bietet ihm die Basis und schafft damit die Voraussetzung, dass er sein Thema, egal um was es sich dabei handelt, “bearbeiten” kann.

Dank der Hirnforschung, der Kinesiologie, der Pränatalmedizin, der Metamorphose (Robert St. John) usw. wissen wir heute sehr viel über die vorgeburtliche Entwicklung von Mensch, Gehirn und Psyche. So ist z.B. bekannt, dass bereits ein 17 Wochen altes Kind (welches in vielen Ländern noch abgetrieben werden darf) bereits Fingernägel hat und schon Koordinationsübungen mit Händen und Beinen macht. Wir wissen, dass es das Stammhirn gibt, ein limbisches System und den Neocortex. Während Letzterer denkt, beobachtet, plant, organisiert und Entscheidungen trifft, ist das Stammhirn (auch “Reptiliengehirn” genannt, da alle Wirbeltiere von Reptil bis Säugetier diesen Teil der Anatomie aufweisen) verantwortlich für die Reproduktion, den Selbsterhalt, die vitalen Funktionen wie Blutkreislauf, Atmen, Schlagen sowie die Muskelkontraktionen als Reflex auf äußere Reize.

Das Stammhirn ist zuständig dafür zu entscheiden, ob ein Mensch jemand ist,

- der umsorgt werden muss (oder für sich selber sorgen kann)
- mit dem man sexuell verkehren kann
- vor dem man fliehen muss
- dem man sich unterwerfen sollte
- den man angreifen muss

Dieses Hirn kann nicht zwischen heute, gestern und morgen unterscheiden. Es interpretiert alles Erlebte als aktuelle Realität.

Psychologisch-spirituell ausgerichtete Astrologen und Astrologinnen machen es sich zur Aufgabe, dem Horoskopeigner klar zu machen, dass das, was im Horoskop steht, im Grunde genommen nichts anderes als Vergangenheit ist. Im Gegensatz zur überholten Fragestellung "Was wird sein?" stellt die spirituelle Astrologie die Frage "Was war?".

Über die Rückführung durch das Horoskop erfährt der Klient, dass sein Fortschritt über das unbewusste Abstimmen auf negative vergangene Inhalte blockiert wurde. Mit dem Blick zurück kann das Ich nun bewusst Stellung dazu nehmen und der Horoskopeigner wird so ermuntert, gewissermaßen „ein neues Horoskop zu kreieren". Dank dieser Bewusstseinserweiterung bekommt er die Chance, sich eine bessere Zukunft zu gestalten.

Defizitäre Auswirkungen einer ungünstigen Erziehung

Das Kind ist von Natur aus lebhaft und bewegungsfreudig. Das Strampeln ist beim Baby ein Teil seiner Entwicklung, und später will es, wie z.B. die Tierkinder, seine Kräfte im Spiel messen. Dieses ist besonders ausgeprägt bei einem feuerbetonten Naturell, so speziell bei Widder, Löwe oder Schütze. In spielerischen Rangeleien bekommt der junge Erdenbürger seine Grenzen zu spüren und gewinnt zugleich Vertrauen in seine persönliche Stärke. So kann er sich gut weiterentwickeln.

Wird das lebhafte Kind in eine Familie hineingeboren, in der sich vorwiegend phlegmatische, kontrollierte und gehemmte Menschen befinden, so bekommt es Probleme, kann es doch nicht nach seiner natürlichen Temperamentsanlage leben. So kann sich zum Beispiel folgende Szene abspielen: Freudestrahlend kommt Guido nach Hause, im Gesicht Kampfspuren. Staubbedeckt, verschwitzt, die Hose zerrissen ruft es laut: „Mami, Papi! Ich habe mit dem starken Erwin gekämpft und ihn endlich mal besiegt. Ist das nicht super?!"

Doch statt der erwarteten Anerkennung erntet er betretenes Schweigen.

Die Eltern, wohlerzogen, konservativ, beherrscht, sehen seine dreckige Kleidung, die Kratzer und sagen sich: „Mein Gott, unser Sohn! Wenn der jetzt schon so anfängt, was soll nur aus ihm werden? Vielleicht gibt das später mal einen Schläger und Kriminellen?" Und später, als er von allen unbeachtet in seiner Ecke spielt, hört er, wie Opa und Oma seine Eltern tadeln: „Ihr müsst aufpassen, dass er nicht später auf die schiefe Bahn kommt!"

Das Kind, in seiner Natur nicht wahrgenommen und geschätzt, ist enttäuscht und irritiert. Da Guido die Liebe seiner Eltern und Großeltern nicht verlieren will, passt er sich diesen lebensfremden Maßstäben an und beginnt sich zu verstellen, verdrängt über Jahre seine angeborene Dynamik und verleugnet sich so Tag für Tag. Zwischenzeitlich haben seine Eltern von der Kindergärtnerin und der Lehrerin vernommen, dass ihr Sprössling oftmals unter dem Tisch seine Schulkameraden tritt und dann, wenn keiner guckt, andere von hinten schubst.

Als Erwachsener beklagt er sich über Kopfschmerzen, hat Depressionen sowie sexuelle Probleme und kompensiert, indem er Pornografie konsumiert oder sich gewalttätigen Computer-Spielen zuwendet. Kinder suchen sich ein Ventil, um die unterdrückten Emotionen auszugleichen. Das Selbsterhaltungsprinzip wirkt sich bei Kindern immer aus. Bei Erwachsenen, die bereits „vernunftdominiert" sind, kommt es zu Krankheiten, weil sie nicht den emotionalen Ausgleich finden können.

Dazu ein anschauliches Beispiel:

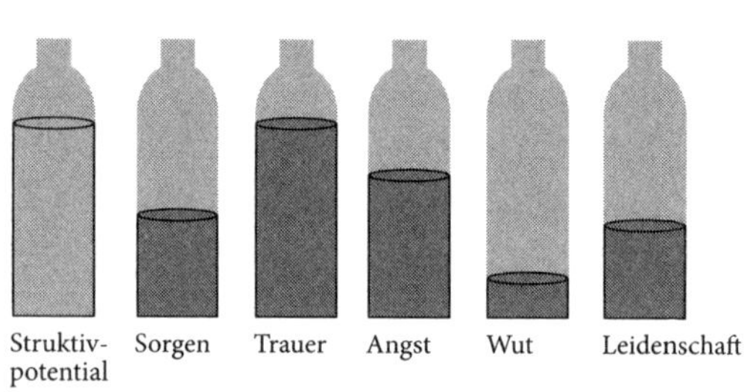

Wenn Emotionen nicht ausgeglichen werden und der Speicher (hier als Flasche dargestellt) leer ist, holt sich das Selbsterhaltungssystem den Ausgleich aus dem Struktivpotential. Wenn die Flasche mit dem Struktivpotential leer ist, dann ist auch das Leben zu Ende. Aus diesem Grund ist es von entscheidender Bedeutung, Emotionen zu leben und/oder auszugleichen. Hier hilft es, zu wissen, welche Emotionen mir in meinem Horoskop zugeordnet sind, um mit ihnen optimal umzugehen.

So hat sich die Widder/Mars-Energie über eine übersteigerte Form ihren Weg gebahnt: Pervertiert von innen nach außen projiziert und von anderen ausgelebt. Der im Defizit Lebende ist damit zum angepassten Schaf mutiert, ist kein leidenschaftlicher, kämpferischer Widder geworden – oder besser gesagt geblieben.

Hat er später einmal das Glück, mittels eines astrologischen Gutachtens aufmerksam gemacht zu werden, wie er in seiner Anlage wirklich ist, kann sich Wesentliches verändern: „He! Ein Mensch mit einem derart stark gestellten Mars im Horoskop müsste doch ganz anders sein, anderes im Leben anziehen und damit ein ganz anderes Schicksal haben." Zum ersten Mal erfährt er – vielleicht im Alter von 40 oder 50 Jahren –, wer er wirklich ist: keine Ente, ein Schwan. Und zum ersten Mal beginnt er zu zweifeln … an dem, was er seit seiner Kindheit er- und gelebt hat: Der Same für ein neues und unbeschwerteres Leben ist gesetzt. Indem er bei sich die anerzogenen, kritiklos und unbewusst übernommenen fremden Normen, Gebote und Regeln infrage stellt, kann sich Entscheidendes verändern.

(Anzumerken ist, dass es noch Astrologen und Astrologinnen gibt, die mit dem Blick ins Horoskop sagen: „Ach, mit dem Mars-Quadrat auf die Sonne ist es ja keine Wunder, dass Sie oft Kopfschmerzen und physisch-psychische Probleme haben." – Das ist antiquiert!)

In eine andere Richtung ginge seine Entwicklung, würden die marsgehemmten Eltern unseres Guidos sein Temperament als Chance zur eigenen persönlichen Entwicklung nehmen. Wird das Kind dagegen in eine Familie mit gleichem Temperament hineingeboren, kann es sein, dass es nach der Rauferei seine Eltern rufen hört: „Bravo! Gut so! Und jetzt geh raus und hau' ihm gerade noch eins, diesem Raubein!" Letzteres ist zwar etwas übertrieben, aber ich glaube, Sie verstehen, was ich meine. Dieser Sprössling wird eine andere Entwicklung nehmen.

Zum Mars passt gut der etwas krasse Lieblingsspruch von einem Lehrer des Hofmann-Quadrinity-Process: „Lass' die Sau raus, und du wirst feststellen, es ist ein Glücksschwein!"

Destruktive Auswirkungen einer ungünstigen Erziehung

Wird das Kind in eine Familie hineingeboren, in der Gewalt als normale Form der Durchsetzung gilt und womöglich wie Vater oder Mutter auch schon der Großvater bei jeder Gelegenheit dreinschlug oder mit Drohgebärden seinen Willen durchsetzte, ist es wahrscheinlich, dass es dies nun auch so handhabt.

Mit Drohungen, lauter Stimme und entsprechenden Gesten wird ein auf diesem Level Lebender abseits jeder Konfliktfähigkeit früher oder später scheitern. Schwere Probleme zeigen sich spätestens dann, wenn sein Blutdruck zu hoch ist und er krank geworden ist oder wenn er im Gefängnis landet, das im Außen seinen fehlenden inneren Kontrollmechanismus ersetzt.

Konstruktive Auswirkungen einer guten Erziehung

Das Kind darf seiner natürlichen Dynamik nach leben und weinen, schreien und auch mal laut werden. Da ihm liebevoll aber energisch Grenzen aufgezeigt werden, es z.B. gebremst wird, wenn es andere attackiert, oder ihm klargemacht wird, dass es in seiner Wut nicht Sachen zerstören sollte, dann wird es früher oder später als konfliktfähiger Mensch sagen, was es will und was nicht. So ist es mutig, spontan und bei aller Offenheit taktvoll. Es scheut sich nicht, nötige Auseinandersetzungen zu führen und wird dank seiner direkten, ehrlichen Art und Konfliktfähigkeit geschätzt und geachtet.

Psychosomatische Auswirkungen bei einer unentwickelten Anlage

Kopf- und Zahnschmerzen, Migräne, Verbrennungen, Schürfungen, Schwächeanfälle, hoher Blutdruck oder Blutarmut, Hirnschlag, Verletzungen (Schnittwunden), Hitzewallungen, sexuelle Probleme, Muskelschwäche.

Auf dieser Ebene entstehen Probleme

Der Mangel an Durchsetzung führt dazu, dass der Betreffende nie zeigt, was er will und was er nicht will. Er unterdrückt seine natürlichen Antriebskräfte, wird nie laut, kämpft auch dann nicht, wenn es nötig wäre, und ist immer lieb und brav. Das problembelastete Marsprinzip wird zudem auch spürbar, wenn laut, rücksichtslos und schroff gefordert und ein aggressives, bedrohliches Verhalten an den Tag gelegt wird. Schlägereien, grobe Verletzungen und unkontrollierte Wutausbrüche sind Zeugen eines destruktiv ausgelebten Mars/Widder-Prinzips.

So können Probleme gelöst werden

Mit Mut, Tatkraft und Initiative werden Probleme angepackt. Indem der Einzelne erkennt, was für ihn normal ist, und danach lebt, indem er aktiv, unternehmerisch, direkt, offen, spontan ist und bei Problemen die Ärmel hochkrempelt und anpackt.

Ein Entwicklung förderndes homöopathisches Mittel ist u. a.

Sulphur. Passend aber auch Ferrum metallicum (Eisenpräparate).

Widder-Mars pur – das Klischee

Gelsenkirchen, 20. Juni 2009: Über 60.000 Personen waren in der Veltins-Arena von Schalke 04 versammelt, gespannt, um zuzusehen, wie sich am späten Abend zwei gestandene Männer prügeln werden. Box-Weltmeister Wladimir Klitschko hatte angekündigt, dass er seinen Kontrahenten Chagaev ohnmächtig schlagen wird, und die meisten Fans warteten gespannt, ob ihr Lokalmatador sein Versprechen einlösen würde.

Schon in der zweiten Runde ging sein Gegner zur Freude der Anwesenden zu Boden. Alles johlte. Tapfer, nun mit einer Verletzung über dem Auge, boxte Chagaev weiter, bis er in der 9. Runde mit einem Schlaghagel eingedeckt wurde und zur 10. Runde nicht mehr antrat. Das Schauspiel, welches nun mit „technischem K. o. in der 10. Runde" definiert wurde, hatte zum Aggressionsabbau der lustvoll mitfiebernden Anwesenden beigetragen. Sie identifizierten sich mit dem siegreichen, modernen Gladiator. Sie litten, wenn er einen Schlag abbekam und waren begeistert, wenn er seine Macht demonstrierte, indem er seine Kraft am Gegner ausließ.

Glücklich und erfüllt verließen sie, nun etwas therapiert, das Stadion.

Manch einer aus dem Publikum hatte dabei einen Teil seiner Kindheitserlebnisse verarbeitet, indem er symbolisch den Vater oder den starken Schulkameraden verprügelt hatte.

Oder er oder sie hatte sich symbolisch an Personen gerächt, denen er oder sie im Erwachsenenalter begegnet war. Beispielsweise zahlte sie es so in Projektion ihrem sturen, uneinsichtigen Ehemann heim bzw. er seiner Ehefrau, die fremdging, oder dem ekligen Nachbarn, dem blöden Chef, dem ewig meckernden Arbeitskollegen, dem strengen Polizeibeamten, dem erfolgreichen Nebenbuhler, dem für das Rauchverbot in den Lokalen und auf Bahnhöfen zuständigen Politiker oder dem Touristen, der ihm vor Wochen den letzten Liegestuhl am Pool wegschnappte.

Das Thema „Sich durchsetzen im Kampf“ war das Erbe von Wladimir Klitschkos Vater, der ein Offizier der Sowjetarmee war. Seine für einen Boxer atypische intellektuelle Ausrichtung erbte er von seiner Mutter, die Lehrerin war.

Beispiele aus der Praxis

Im Jahre 2008 steckten Jugendliche in Paris und Athen Autos in Brand. Hier entluden sich auf destruktive Art die lange Zeit verdrängten Aggressionen.

Doch das zerstörerische Werk der Chaoten haben all die im Stillen agierenden, passiv bleibenden Politiker und Bürokraten mit zu verantworten: Die Schreibtischtäter und reinen Theoretiker, welche sich nie die Hände schmutzig gemacht haben und ihren Lebenssinn darin sehen, täglich neue menschlich fremde Verbote auszuhecken und neue Formen von Maßregelungen zu schaffen, sind Teil des Problems.

So aber werden die Probleme nicht gelöst, sondern verschoben. Und die Situation wird nicht besser, wenn als Reaktion darauf die Verbotsschraube noch weiter angezogen wird. Zu erwarten wären deshalb weitere und noch größere Eskalationen bis hin zu Terroranschlägen. Ich meine: „Ein im Käfig steckender Papagei wird immer auf den ihm entgegengestreckten Finger loshacken.“

Ein weiterer Grund ist auch, dass die Kinder unserer Zeit in Städten aufwachsen, wo sie mit unzähligen Verboten konfrontiert werden und Beton statt Natur um sich haben.

Widder-Mars harmonisch ausgelebt heißt nicht, zu Hause vor dem Fernseher zu sitzen, sondern aktiv und lebendig sein, handeln, agieren und tatkräftig durchs Leben gehen.

So wie ich es gewohnt war, als ich in jungen Jahren in Cuxhaven ohne Wenn und Aber mit meinen Freunden an den Strand gehen, dort schwimmen und im Sand spielen konnte, ohne dass ich einen Ausweis mitbringen oder etwas dafür bezahlen musste. Umgezogen in eine andere Gegend (ebenfalls Kleinstadt), ging ich mit meinen Kollegen zu einem kleinen Waldstück, dort, wo sich eine Quelle befand und vor der sich Elritzen (kleine Fische) tummelten, wo wir auf Bäume kletterten und eine Baumhütte bauten. Niemand kam gerannt, um uns das zu verbieten. Kein Zaun wurde um dieses Grundstück gezogen. In den Sträuchern am Straßenrand sammelten wir Liguster-Raupen, die wir mit frischen Blättern zu Hause in ein Glas brachten und später staunend sahen, wie sich diese verpuppten und zu Schmetterlingen wurden. Und direkt vor dem Haus konnten wir – kaum ein Auto fuhr vorbei – Federball oder Fußball spielen: Der Wille (Widder-Mars) konnte sich frei entfalten.

Daher sage ich: „Gebt den Jugendlichen ihren Baum zurück …!“ „…auf dem sie sitzen und philosophieren und sich hernach wieder wie Tarzan mit einer Liane herabschwingen können!“ Nur so wird es weniger Gewalttaten geben, weniger brennende Autos, weniger Drogenkonsumenten usw.

Eigene Erlebnisse und Erfahrungen

Erst 4-jährig, aber ganz schön mutig

Meine Tochter Aimée war schon als Baby stimmgewaltig. Mit einer Löwe-Sonne, den Mars am Aszendenten, den Mond im Widder, nach chinesischem Horoskop im Jahr des Feuers und Tigers geboren, wusste sie von klein auf, was sie wollte und was nicht, und dokumentierte das durch ihr Verhalten auch recht deutlich.

Als sie, gerade das Laufen gelernt, das erste Mal vors Haus zum Spielen ging, gab sie allen Kameraden, die ihr zu nahe kamen, eins mit der Faust.

Aber dann folgte, wie es nach den Gesetzen des Schicksals auf Erden geht, auf die Aktion die Reaktion: „Papi“, so kam sie eines Tages nach Hause, „die wollen mich alle hauen.“

„Kein Wunder, liebes Töchterchen, denn du hast ja zuerst damit angefangen.“ Nach und nach lernte das von einem Feuerüberschuss geprägte Mädchen, dass es besser ist, seine große Dynamik in rechte Bahnen zu lenken. Sie schlug nicht mehr um sich und die anderen Kinder blieben ebenfalls brav. Somit löste sich das Problem: Nicht über Verbote, sondern indem liebevoll auf Schwächen aufmerksam gemacht wurde, was ganz automatisch zu einem anderen Feedback im Leben führte.

Der erste Schritt: Abwehr und Abgrenzung

Ihre Harmonie liebende Schwester Désirée, beglückt mit einer stark gestellten Venus, dem Prinzip für Harmonie und Frieden, wurde von ihrer kleinen Schwester oftmals „wie ein Panzer überrollt“.

Mehr als einmal kam sie zu mir: „Papi, die Aimée hat mich gehauen.“ Und wie so oft entgegnete ich: „Wie alt bist du?“ „Sieben.“ „Und Aimée?“ „Vier.“ „Ja, wer ist denn die Größere und Stärkere?“ Nach einer Pause: „Ich.“

„Na, dann gib doch endlich mal zurück, sonst lernst du es nie und Aimée auch nicht!“

Während ihre Schwester lernen musste, sich zu beherrschen und ihre Kräfte besser zu kontrollieren, war es die Aufgabe von Désirée, Abgrenzung zu lernen und sich durchzusetzen.

Eines Tages kam sie nach Hause mit den Worten: „Du Papi, wenn man jemanden würgt, dann stirbt der, gell?“ „Ja, das ist so.“

„Aber ich habe Aimée nur ein bisschen gewürgt, da stirbt man ja nicht."

Mit energischer Abgrenzung gegenüber dem Destruktiven kann jeder seinen Weg aus dem Defizitären beginnen. Dies bewirkt, dass so auch der Kontrahent gezwungen ist, eine Entwicklung ins Positive zu machen: So wird Mars konstruktiv gelebt.

Horoskop mit indirektem Widder/Mars-Thema

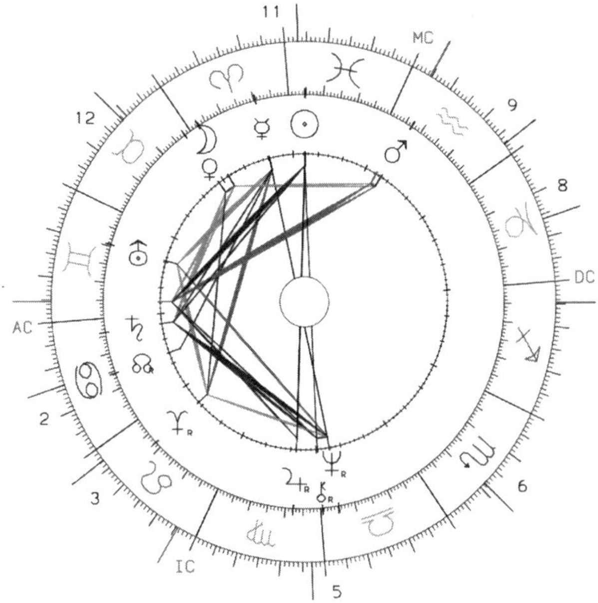

Hier befindet sich die Sonne im Wasserzeichen Fische, aber der Widder- und Feuer-Planet Mars steht am Medium Coeli (MC) und im Trigon (Aspekt) zum Aszendenten (AC). Auch hier haben wir eine starke Betonung der feurigen Energie – eine Konstellation, die jeder im Horoskop haben kann, ob Krebs oder Jungfrau usw.

Das Stier- und Venus-Prinzip: Wo finde ich meine Sicherheiten?

21. April bis 21. Mai

Genießen können. Sorgfalt walten lassen. Gut zum Besitz schauen. Sammeln und festhalten. Qualität und Quantität.

Parta tueri: Das Erworbene zu wahren wissen.

Möglicher Lieblingsspruch: „Geld regiert die Welt."

Horoskop mit starkem Stier/Venus-Thema

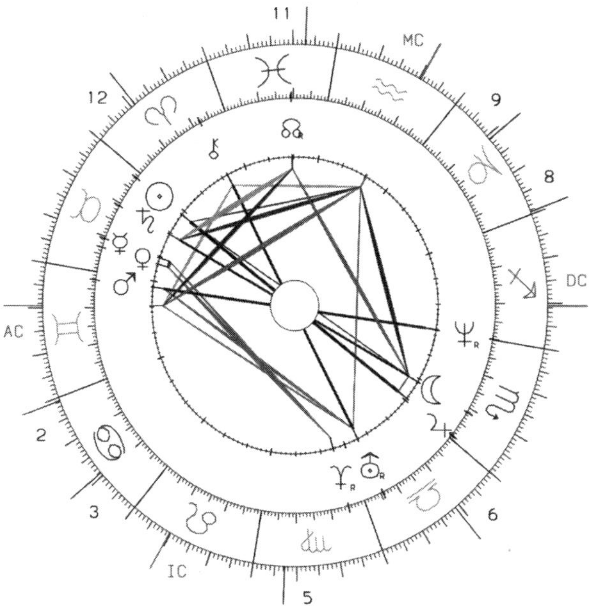

Neben der Sonne befinden sich noch Saturn, Merkur und Venus im Stier. Eine starke Betonung dieses Erdzeichens.

Beim Stier geht es um Werte und Wertbewusstsein, um wirtschaftliche Fähigkeiten, Geld und Besitz, um den Umgang mit der Materie, um Hartnäckigkeit, Beständigkeit, Grundsätzlichkeit, Beharrlichkeit, Sorgfalt, kluges Abwarten, Sinnesgenuss, um Freude an Formen (Formgebung), Düfte, um die Beziehung zur Natur und um Gewohntes, Bewährtes und um Sicherheiten.

Wie erlebt der Stier als Kind in seinem Umfeld den Umgang mit der Sinnesfreude, wenn es um Aneignung, Einverleibung und Verteidigung von Besitz geht?

Das sind Themen, welche der Stier/Venus-Anlage zugeordnet werden, und diese in Balance zu bringen, ist für die dem Erdelement Zugeordneten die wichtigste karmische Aufgabe.

Venusbetonte Menschen, die über großen Besitz verfügen und den Umgang mit der Materie gut beherrschen, beeindrucken und genießen hohes Ansehen. Sie werden von der Gesellschaft geachtet und beneidet: Vom Großgrundbesitzer und vom Ölscheich bis zum Bankdirektor, von Rockefeller bis Onassis und Bill Gates.

Die Stier/Venus-Verbindung macht die Freude am Besitz aus. Besitztum bezieht sich aber nicht nur auf den Kauf eines wertvollen Möbelstücks, sondern auf das, was mit den täglichen Bedürfnissen und Notwendigkeiten zusammenhängt.

Das Stier-Prinzip steht im Allgemeinen auch für statisches Verhalten. Sammeln, speichern, festhalten, verwahren, bewahren und genießen. Es gibt allerdings Ausnahmen: Eltern von Stier-Kindern, die keinen Wert auf sinnliches Essen legen, geben dieses Verhalten an ihr Stier-Kind weiter und es wird sich dann auch nicht zum Viel- und Genussesser entwickeln. Die Veranlagungen werden in diesem Fall erst in der zweiten Lebenshälfte entdeckt.

Was Geldverdienen und Sparen angeht, so haben Stier/Venus-Geprägte mehr Talent und Phantasie als alle anderen. Der Stier-Geborene, Konsul Weyer, verkaufte in den 60er- und 70er-Jahren für teures Geld Adelstitel. Die die Sinne betörende Schauspielerin und Stier-Dame Senta Berger war im gleichen Zeitraum der Schwarm vieler Männer.

Pränatale Prägungen

Eine Frau, das zweite von acht Kindern, sah sich immer wieder mit wirtschaftlichen Problemen konfrontiert. Sie berichtete:

„Meine Eltern waren sehr verklemmt und folgten stur der Lehre der Katholischen Kirche: Bete, arbeite und zeuge Kinder. Sie hatten stets große finanzielle Sorgen. Mein Vater durfte keinen Beruf erlernen, sondern musste gratis auf dem elterlichen Hof arbeiten. Auch nach der Heirat war es ihm verwehrt, den Bauernhof zu übernehmen, und so ging er als Hilfsarbeiter auf den Bau. Obwohl sich der Wunsch meiner Mutter, mein Vater könnte noch eine Lehre machen, um finanziell besser dazustehen, nicht erfüllte, war sie in der Beziehung das treibende Element und stand mit viel Geduld und Zureden meinem Vater bei.

In diesem Fall waren die Erzieher Entwicklungshemmer, etwas, das auch bei anderen leider immer mal wieder vorkommt.

Defizitäre Auswirkungen einer ungünstigen Erziehung

Venus-Defizite definieren finanzielle Probleme, Mangel an Eigenwert oder Schamgefühle, wenn es um sinnlichen Genuss geht, zum Beispiel beim Essen oder im erotischen Bereich. Erlebt das Kind, dass die Eltern oft besorgt und belastet am Tisch sitzen und nicht wissen, womit sie die vielen Rechnungen zahlen und den Lebensunterhalt gestalten können, oder wächst es in einer Familie auf, in der Geld und Besitz über- oder abgewertet werden so wird es Mühe haben, auf dieser Ebene eine gesunde Basis fürs Leben zu finden.

Der im Defizit Lebende hat ständig finanzielle Probleme, kann seine Sinnlichkeit nicht ausleben und kommt zu kurz. Vielleicht hat ein Elternteil immer „vom blöden Geld" gesprochen oder ihn dann, wenn er sein Essen mal so richtig genossen hat, als gierig bezeichnet. Oder er hat in seiner Jugend die Botschaft bekommen, dass man auch ganz gut mit wenig leben kann: betreffend Kleider, Schuhe, Wohnungseinrichtung, Auto und was sinnliche Zuwendungen in der Zweisamkeit betrifft.

Destruktive Auswirkungen einer ungünstigen Erziehung

Genauso wie das Kind einer Familie, in der Geld und Besitz abgewertet werden, Schwierigkeiten hat, so wird ein anderes Kind, das mit einer Überbewertung des Materiellen aufwächst, Mühe haben, sich auf dieser Ebene eine gesunde Basis fürs Leben zu schaffen.

Erlebt es z.B., dass der Vater in einem Restaurant nie Trinkgeld gibt und dort jede Rechnung peinlichst genau durchgeht oder die Mutter nur das Billigste einkauft und Qualität in den Hintergrund stellt, so sind die Probleme schon vorprogrammiert. Statt Freigiebigkeit entsteht Geiz. Statt mit anderen finanzielle Freuden und Glück zu teilen, kapselt sich das Kind ab und hortet. Raffgierig wie die Eltern wertet es später Menschen ab, die „nichts haben" und schließt zudem eine Versicherung nach der anderen ab, „damit ihm und seinem vielen Geld auf keinen Fall etwas Schlechtes passieren kann." Es gibt auch jene, die das Venus/Stier-Prinzip auf eine andere Art des destruktiven Levels leben – im Übermaß von Venus/Stier: Sie haben die Teller stets üppig gefüllt. Immer gefolgt von einem Dessert, das alle Grenzen sprengt, sodass das von falscher Ernährung stammende Übergewicht nicht nur gewahrt, sondern der Körper so noch massiger wird.

Konstruktive Auswirkungen einer guten Erziehung

Das Kind kann, soweit dies in seiner angeborenen Situation möglich ist, seinem natürlichen Bedürfnis nach materieller Unabhängigkeit nach leben und eigenen Besitz haben: z.B. einen eigenen Teddybären, eigenes Spielzeug, ein eigenes Zimmer, eigens für das Kind gekaufte und keine abgetragene Kleidung, ein Bett, einen Schreibtisch, eine eigene Spielecke, ein Sparbüchlein, eine Spardose, zu der nur es Zugang hat und wo es selbst über den Einsatz der Mittel entscheiden und verfügen kann. So lebt es in Sicherheit, hat Vertrauen im Umgang mit der Materie, geht sorgsam mit seinen und fremden Mitteln um, wird nicht betteln oder als Sozialhilfeempfänger enden. Aber manchmal kann es auch in eine andere Richtung gehen:

Vom Konstruktiven zum Destruktiven

Stier-Geborenen, die permanent im Überfluss leben, geht mit der Zeit das Gefühl für das richtige Maß verloren. Sie wundern sich, dass normale Menschen sich von ihnen abwenden. Wenn ihm die üppige Ausstattung an Finanzen und Eigentum fehlt, tut sich der Stier schwer, das weibliche Geschlecht zu umwerben.

Ein anderer typischer Stier/Venus-Effekt ergab sich bei der Rettungsaktion der Banken. Der Staat half mit Milliarden, um die Banken zu sanieren, jedoch bekamen die Bankmanager als Erstes ihre Boni in Millionenhöhe ausgezahlt.

In einem Heimatfilm gab es eine Szene, in der eine junge Frau zu ihrem Vater kommt: *„Papa, ich habe einen jungen Mann kennengelernt, der mich heiraten möchte.“* Er, hinter einem schweren Eiche-Schreibtisch thronend antwortet: *„Na, was hat er denn gespart? Hat er Besitz?“*

Der materialistische Vertreter dieser Energie sieht alles nur unter diesem Gesichtswinkel. Hat der junge Mann ein dickes Bankkonto und womöglich ein Eigenheim, würden die Eltern ihr empfehlen, ihm nicht zu widersprechen. Wenn sie schlecht behandelt wird, würden die Eltern sagen „... *bei dem Grundbesitz kann man schon mal kuschen*".

In der Astropsychologie wird aus der Stellung der Venus und der Zeichenbesetzung im Stier eruiert, wie intensiv, konstruktiv oder problematisch das Potential des Einzelnen gelagert ist. In der Fachsprache würden wir hier von einer Problemstellung zwischen Venus und Saturn sprechen.

All jene, welche einen starken Stier-Einfluss im Horoskop aufweisen und diese Anlage ausgebildet haben, verfügen über die besondere Begabung, zu sammeln, zu speichern und Erworbenes oder Erhaltenes zu hegen und zu pflegen. Das kann in frühen Anfängen beobachtet werden, so schreibt Linda Goodman in ihrem Buch *Astrologie sonnenklar*: „Gibt man einem Stier-Baby einen Löffel in die Hand, so wird man Mühe haben, ihm diesen wieder wegzunehmen."

Vielleicht hat dieses kleine Wesen in einer früheren Inkarnation Goethe gelesen. Dieser schrieb den Bankern ins Stammbuch: „Was Du erbst von Deinen Vätern, erwirb es, um es zu besitzen."

Psychosomatische Auswirkungen bei einer unentwickelten Anlage

Halsschmerzen, Nackenbeschwerden, Rückenleiden, schwere Zunge, Verspannungen am Körper, Stauzonen, Fettleibigkeit.

Auf dieser Ebene entstehen Probleme

Durch Mangel an Geld, durch Abhängigkeiten aufgrund von Schulden, Arbeitslosigkeit oder einem Niedrigverdienst.

Indem der Betreffende sich nie etwas gönnt, still verzichtet – auch auf sinnlich-erotischen Austausch und alles, was Freude macht.

Eine verdrängte Venus/Stier-Thematik haben lustfeindlich erzogene Menschen, die das Essen nicht genießen können und für Schönheit und Kunst nichts übrig haben.

Probleme entstehen durch Geiz, materielle Gesinnung und Anhaftung, Bindung an Besitz, Sturheit und Mangel an Flexibilität.

So können Probleme gelöst werden

Indem sich der Betreffende wirtschaftliche Fähigkeiten aneignet, kaufmännisches Denken lernt und die Balance zwischen Materie und Geist findet.

Hat er den Umgang mit Werten gelernt und damit einen gesunden Eigenwert erreicht, wird er diesen Teil, einen der zwölf Lebensgesetze, in sein Leben integriert haben. Mit der Entwicklung von Wertbewusstsein, der Entdeckung, Wahrnehmung und dem Ausagieren seiner sinnlichen Fähigkeit und individuellen Attraktivität hat er damit eine gute Basis geschaffen, das Leben harmonischer zu gestalten.

Ein Entwicklung förderndes homöopathisches Mittel ist u.a.

Cuprum metallicum (Kupfer).

Stier-Venus pur – das Klischee

Ascona, 13. Juni 2009. Hunderte sitzen an einem schönen Wochenende an den von der Sonne bestrahlten Tischen in den Restaurants am glitzernden Lago Maggiore, wo fröhliche Kellner beflissen und freundlich die Bestellungen entgegennehmen.

Die vorwiegend ältere Generation gibt sich dem hin, was die Jüngeren mit Spott kommentieren – „Essen ist die Sinnlichkeit des Alters."

Den Gästen war es wert, Mittel für das Benzin oder die Zugfahrkarte bereitzustellen, ihre Zeit für die Fahrt von Bern, Zürich, Basel, Aarau usw. durch den St. Bernhard- oder Gotthard-Tunnel zu investieren und Geld von ihrem Konto abzuheben, um mit diesem oder der Kreditkarte Hotels und Essen zu begleichen.

Die lustfeindlich Erzogenen, werden sich hernach kaum einen Caffè-Corretto oder beispielsweise eine Zigarre anzünden, um sich dann den Rauch durch die Nase ziehen zu lassen. Obwohl sie sich locker ein schmuckes Zimmer leisten könnten, logieren sie weit abseits des schönen Ortes in einem schmuddeligen, aber billigen Hotelzimmer. Zudem verkneifen sie sich ihren Wunsch, sich in einer mit schönen Stoffen gespickten Boutique ein attraktives, aber nicht gerade billiges Kleidungsstück zu erwerben. Tief in ihnen ist verankert, dass Vater und Mutter immer Bescheidenheit propagiert haben, dann war man ein braves Kind!

Also mit dem Thema Stier/Venus im Defizit.

Beispiele aus der Praxis

Der Junge, welcher um seinen Lohn gebracht wurde

Ein kleiner Junge verdiente sich mit Laufburschenarbeit und Zeitungsaustragen ein Taschengeld. Er war pflichtbewusst und zuverlässig, doch eines Tages fehlte Geld, das er zur Aufbewahrung im Küchenschrank deponierte.

Weder er noch die Mutter konnten sich erklären, wie und warum es verschwunden war. Erst einige Tage später gab der Vater bekannt, dass er sich das Geld ausgeliehen habe. Ein Erlebnis, dass beim Kind Verlustangst auslöste, sodass es hernach unbewusst Besitz ablehnte. („Man nimmt es mir ja doch weg.“)

Später, inzwischen erwachsen geworden, gelang es ihm, diesen Bann nach dem Erlebnis einer Ausdeutung seines Horoskops und der Einnahme eines homöopathischen Mittels zu brechen. Ihm wurde bewusst, dass eigener Besitz – in welcher Form auch immer – zum Leben gehört.

Das Mädchen, welches um den Ausdruck ihrer sinnlichen Ausstrahlung gebracht wurde

Ein kleines Mädchen kam stets mit den abgetragenen Kleidern ihrer älteren Schwester zur Schule. Die schönen Sachen blieben ihr vorenthalten. So kam es, dass sie sich als Erwachsene nichts gönnte, es (unbewusst) normal fand, dass sie zu kurz kam und sich so selbst bestrafte. Und wenn sich eine Kameradin ins schönste Licht stellte und damit den von ihr anvisierten Freund eroberte, wurde sie in ihrem Mangel an Eigenwert einmal mehr (rück)bestätigt.

Der reiche Geizkragen, für den Teilen ein Fremdwort ist

Der Verpächter eines Restaurants kam oft unangemeldet zu Gast. Als knauseriger Geizhals brachte er es fertig, sich an der Theke von Gästen einladen zu lassen, und zog zudem regelmäßig die Schublade des Pächters auf, um sich dort mit seinem Lieblingsgetränk gratis zu bedienen. Aus der älteren Generation stammend, die Kriege erlebt hatte, wurde ihm in der Jugend eingetrichtert, dass jederzeit mit Verlusten zu rechnen sei. Obwohl er Millionär war, konnte er sich nicht aus diesen Ängsten lösen. Nun war er zwar reich, blieb aber arm.

Von einem spirituellen Meister stammt der Spruch: „Man bekommt eher ein Kamel durchs Nadelöhr, als dass ein Reicher in den Himmel kommt.“

Ein Herr mit Geldproblemen

Vor etwa 20 Jahren kam ein Herr zu mir in die Beratung und sprach mit besorgter Miene von Geldproblemen. Wie diese denn gelagert seien, fragte ich. Er antwortete, er hätte 80 Millionen zu investieren und wüsste nicht, ob das in dieser Zeit gut sei. Es ging um die Investition für ein großes Schiff, das auf der Werft lag.

Da ich in jungen Jahren eine harte Schule bei alten Astrologen genossen hatte, wusste er von meinen prognostischen Fähigkeiten, doch diesmal konnte ich aus den Konstellationen zu wenig Konkretes entnehmen. Ich musste passen.

Anstatt mir nun die Hände zu reiben, „was man da nun für einen großen Fisch an der Angel hatte", folgte ich dem guten Beispiel von Onkel, Mutter und Großmutter, für die Ehrlichkeit und Redlichkeit das höchste Gebot waren, und nahm den Auftrag nicht an. Stattdessen verwies ich ihn an eine hohe spirituelle Persönlichkeit, eine, die mir seit 1983 stets privat und auch in Situationen, wo ich mit der Astrologie (oder dem I Ging) nicht weiter komme, mit Rat und Tat zur Seite steht. (Diese riet dann vom Kauf ab.)

Eigene Erlebnisse und Erfahrungen

Sinnliche Genüsse – Geben und Nehmen

Meine Enkelin Amaliah ist Widder mit Mond im Venus-Zeichen Stier. Dieser äußert sich insofern, als dass sie all ihre vielen Spielsachen behalten will – auch solche, die sie schon lange nicht mehr benutzt hat. Und wenn sie Schokolade, Eis und dergleichen bekommt, genießt sie das augenscheinlich und intensiv. (Ein gutes Indiz dafür, dass sie beste Chancen hat, später *nicht* zu den sinnlich Frustrierten zu gehören.) Da sie sehr freigiebig ist – wenn sie etwas bekommt, bietet sie es zuerst den anderen an –, wird die Sache mit dem Sammeltrieb kein ernstes Problem werden. Die Mischung Widder-Sonne/Stier-Mond zeigte sich auch, als ich sie, damals noch 5-jährig, zum Kindergarten begleitete: „Ich möchte ganz früh da sein, denn dann ist die Schaukel nicht besetzt." Thema Widder: Bewegung, Stier: Inbesitznahme.

Ein Tisch ist wichtiger als der Mensch ...

Eine Esoterikschule in der Ostschweiz wurde von einer Stier-Dame geleitet. Um das Renommee ihrer neuen Schule zu verbessern, lud sie mich ein, mein fundiertes Wissen auch ihren Schülern zu vermitteln, was ich dann auch gerne tat.

Dort fand ich mich in einem energetisch negativen Sitzungszimmer wieder. Da ich auch eine Ausbildung als Feng Shui-Experte genossen habe, und mich mit Raumenergien bestens auskenne, wollte ich den um Kraft ringenden Studenten aufzeigen, wie man mit einfachen Mitteln die Dynamik im Raum anheben kann. So stellte ich u.a. zur Abschirmung für die mit dem Rücken zum Fenster Sitzenden einen Tisch hochkant vor die Glasfront. Leider stellte sich heraus, dass beim Tisch, ein paar Schrauben locker waren und er an einer Stelle wackelte.

Nachdem die Leiterin zu dem Schluss kam, dass ich diesen kaputt gemacht hätte, und weil ich zudem, was ich sonst nie in meinen Schulungen mache, den müden Teilnehmern eine halbe Stunde früher freigab, tat ich des Guten zu viel und wurde umgehend von meiner Aufgabe entbunden.

So schwand die Möglichkeit, den Schülern aufzuzeigen, wie sie in der Welt das Wesentliche vom Unwesentlichen unterscheiden können.

Horoskop mit indirektem Stier/Venus-Thema

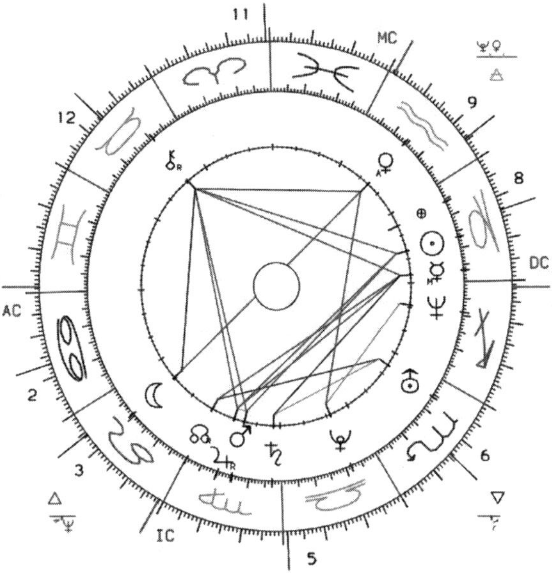

Hier befindet sich außer der Sonne nur noch der Merkur im Zeichen Steinbock. Eine Ballung von vier Prinzipien in der Jungfrau weist auf andere Qualitäten hin, bestätigt jedoch auch den Hang zu Pessimismus und zu Perfektionismus. Neben dieser eher zu Misstrauen neigenden Charakteristik, weisen zum anderen die Trigone der Feuerplaneten Mars und Jupiter zur Steinbock-Sonne noch auf ganz andere als die diesem Zeichen zugeordneten Eigenschaften an: eine aktive, mutige, tatkräftige, offene, optimistische und handlungsfreudige Persönlichkeit, die viel Freiräume braucht.

Das Zwillinge- und Merkur-Prinzip: Wie teile ich mich mit? Was wie sagen?

22. Mai bis 21. Juni

Kommunikation, Sprache, Ausdruck, Anpassungsfähigkeit, Flexibilität, Beweglich- und Geschicklichkeit sowie Freude an Neuigkeiten.

Quot homines, tot sententia: So viele Menschen, so viele Meinungen.

Möglicher Lieblingsspruch: Auf die Frage, warum er denn letzte Woche etwas ganz anderes gesagt hat. „Wer kann mich daran hindern, dass ich von einem Tag auf den anderen klüger werde?“

Horoskop mit starkem Zwillinge/Merkur-Thema

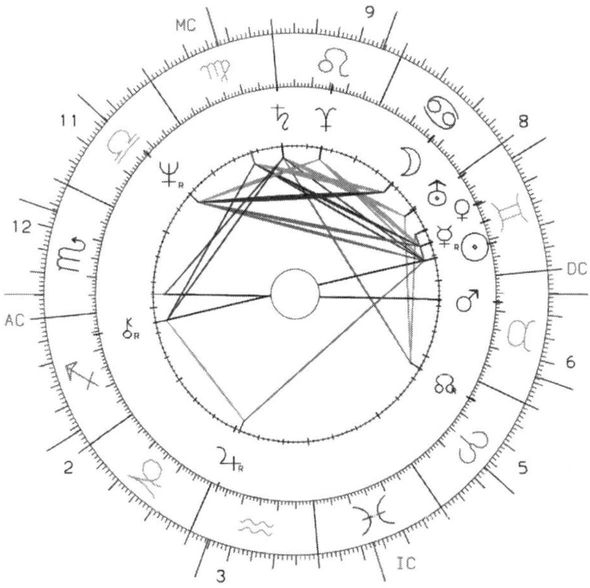

Hier befindet sich die Sonne, das sogenannte Tierkreiszeichen in den Zwillingen und dazu der Merkur in einer Konjunktion mit Venus und Uranus: Eine starke Betonung dieses Luftzeichens.

Für jeden ist es wichtig, dass er sich mitteilen und verständlich machen kann. Dieses Thema wird dem Zwillinge- und Merkur-Prinzip zugeordnet und stellt die wichtigste karmische Aufgabe für die Zwillinge dar. Ein Talent, das oft verborgen bleibt. Uns Astrologen kommt es immer wieder zu Ohren, dass dieser oder jener Zwillinge-Geborene überhaupt keine Begabung in Sachen Wort und Schrift habe, sondern im Gegenteil, sogar Sprachhemmungen, weswegen die Astrologie nicht stimmen könne. Sprachhemmungen sind gut möglich und ebenfalls typisch für dieses Zeichen. Denn ebenso wie z.B. der im Defizit lebende Löwe-Geborene von Schüchternheit geplagt sein kann, ein Widder willensschwach, ein Skorpion sanft, gutmütig aber machtlos und von Rachsüchtigen umgeben sein kann, sind gerade bei den Zwillingen Sprachhemmungen nicht untypisch: entstanden aufgrund ihres karmischen Erbes, manifestiert durch Erfahrungen in der vorgeburtlichen Zeit und über eine entsprechende Erziehung. Statt ein überaus beweglicher, nun ein siamesischer Zwilling.

In manchen Familien „schickt es sich nicht, unaufgefordert zu reden". In anderen plärrt von morgens bis abends der Fernseher, jeder redet über alles und jedes und klatscht, was das Zeug hält. Es gibt Lehrer, die die Kinder maßregeln, wenn sie etwas sagen, was ihnen nicht passt: „Sag' doch nicht solchen Blödsinn!" Wird ein Heranwachsender in seiner Kommunikation gebremst, so wird er sich hüten, seinen natürlichen Drang an Neugier zu befriedigen. Auf diese Weise wird er daran gehindert, sich geistig weiterzuentwickeln. Anders verhält es sich, wenn das Kind auf dem Wege seiner Sprachentwicklung ermuntert und gelobt wird.

Mütter, die ihren Kindern schon in der vorgeburtlichen Phase Märchen vorlesen oder Geschichten erzählen, die sie teilhaben lassen an ihren Gedanken und Problemen („Keine Angst kleines Wesen, wir werden das schon gemeinsam lösen.“), fördern das Sprachvermögen. Interessant ist gemäß den Pränatalpsychologen, dass dieses noch entscheidender vom Vater geprägt wird.

Nicht von ungefähr kommt der zynische Spruch: „Ein Mann ein Wort, eine Frau ein Wörterbuch.“

Dieser impliziert, dass Frauen gerne und viel reden. Es gibt aber auch Männer, die gerne viel reden, vor allem wenn sich das Thema um Business, Fußball, Autos oder Sex dreht. Leider aber ist es so, dass viele Männer schweigen, wenn es an der Zeit wäre, etwas zu sagen. Hatten diese in der Jugend womöglich einen überaus redseligen Elternteil, der das Kind nie zu Worte kommen ließ?

Im Buch „Männer sind anders, Frauen auch“ wird bestens erklärt, an was viele Beziehungen scheitern: an fehlender Kommunikation und vor allem daran, weil die Frau zu wenig Gehör findet und er auf dem Mund sitzt. Doch wie alle Anlagen kann man auch die kommunikative Anlage ausbilden. Das beweist z.B. Dieter Thomas Heck, das sprachliche Schnellfeuer-Gewehr des Deutschen Fernsehens, der früher gestottert hatte. (Als Reaktion auf diese Befreiung demonstriert er nun als Moderator: Hört her! Ich kann reden, reden, reden!)

Das wäre dann der ganz typische Zwilling mit seiner Freude am Reden und Gedankenaustausch. Und das nehmen viele schon früh wahr. So wie meine Enkeltochter Amaliah. Als ich ihr, sie war kaum fünfjährig, sagte, dass die Mama als Zwillinge-Geborene gerne viel redet, antwortete sie seufzend: „Das hab ich auch schon gemerkt.“

In der psychologischen Astrologie wird aus der Stellung des Merkurs und der Zeichenbesetzung dieses Zeichens eruiert, wie intensiv, konstruktiv oder problematisch das Potenzial des Einzelnen gelagert ist. In der Fachsprache würden wir bei bestimmten Aspekten von Merkur, z.B. zu Mond, Saturn oder Uranus, von einer Problemstellung sprechen.

Pränatale Prägungen

Erika, so wollen wir sie nennen, wuchs im Hause der Stiefeltern auf, wo die Großmutter das Sagen hatte. Ihr Vater war nur wenig zu Hause.

Die dominante Hausherrin ließ ihrer Mutter keinen geistigen Spielraum. Offene Gespräche mit ihrem Mann (Erikas Vater) gab es nicht und nur wenn die Mutter die Meinung der Schwiegermutter teilte, durfte sie sich äußern. Zudem standen stille Vorwürfe im Raum, da Erikas Bruder erst sechs Monate alt war, als Erika gezeugt wurde: „Schon wieder ..."

Nach Erikas Geburt entwickelte sich ihr sprachliches Ausdrucksvermögen schlecht. Als Legasthenikerin hatte Erika große Probleme mit Zahlen und Buchstaben. Für sie war es an der Zeit, die kommunikative Anlage auszubilden. Wie? Das wird im Abschnitt Beispiele aus der Praxis aufgezeigt.

Defizitäre Auswirkungen einer ungünstigen Erziehung

Wird das Kind in seiner natürlichen Art zu fragen, seine Neugier zu befriedigen, einfach so zu reden, wie es ihm gerade in den Sinn kommt, gebremst, so wird im Normalfall kein Sprachgenie aus ihm, sondern es wird sich zu einem Erwachsenen entwickeln, der in kommunikativer Hinsicht angepasst und gehemmt ist. Der Arzt und Pränatalpsychologe Dr. Fedor Freyberg aus Stockholm sagt: „Lasst uns lieber ein gesundes Kind kreieren, anstatt ein kaputtes heilen zu müssen." Damit meint er, dass man ihm schon in der pränatalen Phase Aufmerksamkeit und gute Gedanken schicken sollte. Ermuntern es die Eltern in den ersten Jahren nach seiner Geburt und freuen sie sich über noch so „unsinnige Worte", so wird es – vorausgesetzt es finden sich nicht stark gegenteilige Tendenzen im Horoskop – lebhaft und optimistisch werden und bleiben.

Destruktive Auswirkungen einer ungünstigen Erziehung

„Reden ist Silber, Schweigen ist Gold." Dieses Sprichwort gilt nicht für Elternhäuser, in denen von morgens bis spät in die Nacht der Fernseher plärrt und Klatsch und Tratsch das Leben des Kindes begleiten.

Vorbilder von Eltern, die reden, reden, reden, ohne etwas zu sagen, sind eine Hypothek für das Kind, dem es später nicht leichtfallen wird, Sinnvolles in Wort und Schrift von Sinnlosem zu unterscheiden.

Konstruktive Auswirkungen einer guten Erziehung

In einem Elternhaus, in dem die richtige Balance vorherrscht, ist der Sprössling gut aufgehoben. Konstruktive Kritik und Lob, wenn es Fragen stellt, fördern es ebenso wie z.B. ein Tonbandgerät, auf dem es seinen Wortschwall festhalten kann. Geistreiche Gespräche und interessante Informationen/Neuigkeiten wirken sich auf seine sprachliche Entwicklung günstig aus. Hat es zudem große und kleine Gesprächspartner, die zuhören können und sich aktiv an seinen Überlegungen beteiligen, ist das noch günstiger und fördert seine kommunikative Anlage.

Psychosomatische Auswirkungen bei unentwickelter Anlage

Nervosität, Nervenleiden, Gelenkprobleme, an den Fingern nagen, Nägelkauen, Asthma, Husten, Sprach- und Hörprobleme.

Auf dieser Ebene entstehen Probleme

Durch Schweigen, stockenden Sprachfluss (defizitär) oder Zerreden, Reizüberflutung (destruktiv).

So können Probleme gelöst werden

Durch Hinterfragen, lebhaften Gedankenaustausch, geistige Weiterbildung: lesen, Besuch von Sprachkursen, Sprechübungen (z.B. im Rahmen einer Balint-Gruppe), Schriftverkehr. Ein Talent ist ausgebildet, wenn der Einzelne sich sowohl gut ausdrücken als auch aufmerksam zuhören kann.

Ein Entwicklung förderndes homöopathisches Mittel ist

Mercurium hahnemani.

Zwillinge-Merkur pur – das Klischee

Eine Seminarteilnehmerin berichtete: „Mein Mann, mit der Sonne im Zeichen Zwillinge, ist wohl ein typischer Zwilling. Als ich einmal nach Hause kam, war die Haustür unverschlossen. In der Küche lag auf dem Tisch eine aufgeschlagene Zeitung und aus dem Radio plärrte es. Als ich mich nach ihm umsah, sah ich ihn mit einem Nachbarn plaudernd am Gartenzaun stehen.

Schweizer Fernsehen, Dienstag, 23. Juni 2009, Sendung „Der Club"
Die Schweiz sucht, nach dem Rücktritt des aus der französischen Schweiz stammenden Pascal Couchepin, einen neuen Bundesrat. Die Frage ist, ob es wieder ein Romand sein muss (ein echt französisch denkender und handelnder Schweizer) und dazu: "Was macht es aus, ein Romand zu sein?"

Die sechs Anwesenden aus Politik und Gesellschaft diskutieren unter der Leitung der charmanten Moderatorin Christine Meier, die mit der Sonne im Zeichen Zwillinge prädestiniert für die Rolle einer Diskussionsleiterin ist.

Doch statt das fachliche Anforderungsprofil eines Bundesrats zu thematisieren, wird jetzt landesweit über die Frage gestritten, was einen Schweizer zum lupenreinen Romand mache.

Ist die aktuelle Debatte über „echte Romands" absurd oder absolut notwendig? Welche Interessen stecken dahinter – Parteikalkül oder echte Sorge um den Zusammenhalt der Schweiz? Muss der nächste Bundesrat zwingend aus der lateinischen Schweiz kommen?

Da wird zum Beispiel eingeworfen, dass es in der deutschsprachigen Schweiz viele verschiedene Dialekte gibt, sodass sich ein Westschweizer gar nicht darauf einstellen kann, wenn seine Kollegen sich z.B. in Zürichdeutsch, Walliser- oder Berndeutsch untereinander verständigen. So sind sie gezwungen, Hochdeutsch zu sprechen. In der Westschweiz hätten ja alle einen gleichen Dialekt.

Es wird diskutiert, ob jemand aus den zweisprachigen Städten Fribourg und Biel denn ein echter Romand sei.

Wie in allen Talkshows lebt auch diese von den verschiedenen Meinungen und es gibt ein Für und ein Wider. Dabei ist man sich nach Ende dieser langen Sitzung nicht einig und hat zwar nichts Konstruktives zustande gebracht, aber man hat viel Gesprächsstoff gehabt. Etwas, das Zwillinge sehr schätzen.

Anwesend waren sprach- und redegewandte Menschen, die ihre Kommunikationsfähigkeit voll ausgebildet haben.

Vor dem Fernseher dagegen dürften viele gesessen haben, die aufgrund Ihrer Erziehung sprachlich gehemmt waren und sich darüber wunderten, wie wortgewandt man sich im Studio unterhalten kann.

Beispiele aus der Praxis

Von der sprachlich Gehemmten zur Begabten

Eine Dame aus einer Astrologie-Ausbildung hatte im Grundhoroskop den Merkur in einem Hemmungswinkel zum Saturn. Ein klassischer Aspekt, der auf kommunikative Blockaden hinweisen kann.

Wie sie das erlebt hätte, fragte ich, und sie teilte mir Folgendes mit:

Zu Hause durfte sie, wie auch ihre Geschwister, nur dann sprechen, wenn sie dazu aufgefordert wurde. Später hätte sie ihren Mann stets bewundert, da er aufgrund seiner Sprachbegabung auf Einladungen alle Aufmerksamkeit auf sich zog.

Doch nachdem sie im kleinen privaten Rahmen – auf Einladungen von Freunden/Bekannten – ihre Kommunikation trainiert hatte, wurde sie sprachlich gewandter und immer sicherer. Heute ist sie sogar Vorsitzende eines Lehrergremiums.

Dies ist ein weiterer Beweis dafür, dass das Geburtshoroskop nur den Status anzeigt und dass die Anlagen, wie alles auf der Welt und im Kosmos, weiter entwickelt werden können.

Eigene Erlebnisse und Erfahrungen

Von bewundernswerten Vätern motiviert

Mein Großvater und mein Vater konnten wunderbar erzählen – und das jedes Mal mit viel Humor. Ich war so beeindruckt und gefangen davon, dass ich mir diese hohen Maßstäbe setzte und als Heranwachsender gegenüber Fremden sprachlich gehemmt war. Ein Mittel fand ich, indem ich bereits als Zwölfjähriger Tagebücher vollschrieb. Diese dienten mir später zur Kontrolle bei der astrologischen Forschung, so konnte ich dadurch was ich fühlte, dachte und erlebte mit dem, was in den astrologischen Büchern über die Zeitkonstellationen stand, vergleichen.

Als es mir später gelang, eine eigene Ausdrucksform zu finden, legten sich die Hemmnisse. Mein kommunikativer Zenit wurde in den 90er-Jahren erreicht, als ich, eingeladen an einen Weltkongress der Astrologen, als Workshopleiter vor mehr als 1.000 Personen unbefangen referierte und mich dabei wohlfühlte wie der Fisch im Wasser.

Sprachprobleme gelöst

Meine Jüngste, Aimée, hatte früher Probleme mit dem Sprechen. Sie stotterte oftmals. Da ich gelernt habe, dass es an den Füßen eine Pränatalschiene gibt (Metamorphose nach Robert St. John), das heißt eine Linie, die mit dem Rückgrat korrespondiert und wo sich, wenn diese behandelt wird, pränatal bedingte Blockaden auflösen, massierte ich diese ein paar Tage lang fünf bis zehn Minuten und der sprachliche Energiefluss stellte sich bei der damals Dreijährigen rasch ein.

Sprachschöpfungen

Viel Spaß hatten wir Eltern an den Sprachschöpfungen unserer Kleinen, so wie z.B. an einem Spruch von Désirée, der es einmal zu lange ging, bis das Essen auf dem Tisch stand. Wir hörten sie sagen: „Ich glaube, ich verhungere, aber ich kann's noch verheben.“ (Verheben heißt auf Berndeutsch zurückhalten.)

Oder bei Nicole: Als ich nach dem Rasseln des Weckers nicht sofort aufstand, kam sie aus ihrem Kinderzimmer an die Schlafzimmertür und fragte: „Hat der Wecker nicht recht gehabt?“ Meine Kinder bekamen vermittelt, dass man sich nicht scheuen muss, den Mund aufzumachen – und das machen sie auch heute.

Horoskop mit indirektem Zwillinge/Merkur-Thema

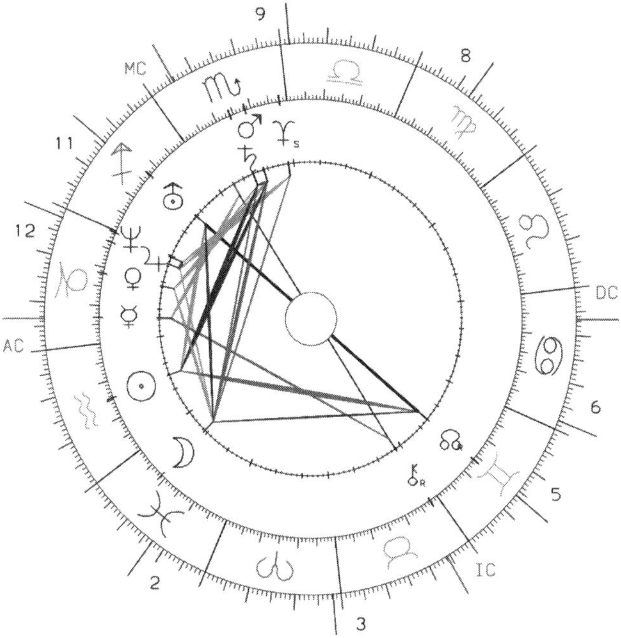

Hier steht zwar die Sonne im Zeichen Wassermann, aber der Regent des Zeichens Zwillinge Merkur befindet sich direkt am Aszendenten (AC).
Eine Konstellation, die jeder im Horoskop haben kann – ob nun Löwe, Skorpion oder Schütze usw.

Das Krebs- und Mond-Prinzip: Den Umgang mit Gefühlen lernen

22. Juni bis 22. Juli

Austausch von Gefühlen. Berührungen, Umgang mit Emotionen, Wärme geben und entgegennehmen, beschützen, bewahren, sammeln und erinnern. Familiensinn entwickeln.

Nemo patriam quia magna est amat, sed quia sua:

Keiner liebt sein Vaterland, weil es groß ist, sondern weil es seines ist.

Möglicher Lieblingsspruch: „My home is my castle."

Horoskop mit starkem Krebs/Mond-Thema

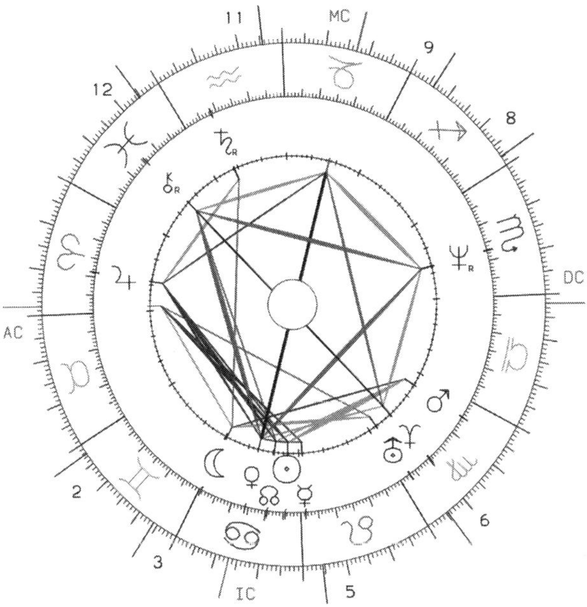

Hier befindet sich nicht nur die Sonne im Wasserzeichen Krebs, sondern auch der Mond, die Venus und der Mondknoten.

Auf der Mond-Ebene geht es um die Gefühlswelt, die beim Krebs besonders reich vorhanden ist. Da er beeindruckbar ist, muss er sich mehr als manch anderer abgrenzen. Das ist eine sehr wichtige karmische Aufgabe für den Krebs.

Eine besondere Beziehung zum Ursprung, d.h. zu Heim, Geburtsort, der Region und des Landes, ist signifikant. Themen sind: Beschützen, Bewahren, Zärtlichkeit, Weichheit und die Liebe zur Familie. Dazu passt die Szene des Kindes, welches auf dem Weg in den Kindergarten seinen Teddybär mit dabei hat, um ihn auf dem Weg immer wieder an seine Wange zu drücken.

Wird der Krebs als Kind in eine Familie hineingeboren, in der das Zeigen von Emotionen verpönt ist, so kann er als Rebell (destruktiv) immer wieder mit übersteigerten Reaktionen aufwarten und so darauf aufmerksam machen, dass es auch noch eine emotionale Seite des Lebens gibt.

Auch gegenteilige Situationen, beispielsweise wenn beim kleinsten Konflikt ein Elternteil in Tränen ausbricht und sich zurückzieht, oder wenn ein Spaßvogel alles übersteigert auslebt, sind keine gute Basis. Wird er immer wieder mit einem Übermaß konfrontiert, so wird sich die destruktive Mond-Anlage bei ihm entwickeln. Als Beispiel die Szene, in der ein kleines Kind stürzt und eigentlich sofort aufstehen will. Als aber die halbe Verwandtschaft laut aufschreit, hinrennt und so dem entstandenen Drama ihre Stimme gibt, brüllt es lauthals los, um sich dann, getröstet von Mutter, Onkel und Tanten, wieder zu beruhigen. Auch ein allzu starkes Behüten des Kindes kann Lebensschwäche auslösen, denn irgendwann werden Papa und Mama es nicht mehr beschützen können.

Hat das Kind dagegen ein Vorbild, das beherrscht und emotional verklemmt ist (defizitär), so wächst es als Krebs ohne Scheren heran.

Hat es aber, so wie es besonders in südlichen Ländern der Fall ist, Menschen um sich, die sich umarmen, offen Zärtlichkeiten austauschen, Emotionen zeigen (nicht nur auf dem Fußballplatz), und erlebt es in seinem Umfeld Begeisterungsfähige, die deutlich ihre Gefühle zeigen, dann wird es auch als Erwachsener seinen Mond, sprich seine Gemütsregungen, nicht verbergen und damit wohl weitgehend frei von Magenbeschwerden (konstruktiv) leben.

In der psychologischen Astrologie wird aus der Stellung des Mondes und der Planetenbesetzung des Zeichens Krebs eruiert, wie intensiv, konstruktiv oder problematisch das Potential des Einzelnen gelagert ist.

Pränatale Prägungen

Eine Astrologie-Schülerin berichtet zum Mond-Thema (Familie) Folgendes: "Vor ca. 40 Jahren wanderte meine Mutter, die keine Eltern mehr hatte, gleichzeitig mit vielen anderen jungen Frauen/Mädchen von einem Alpental in ein Uhrenindustriegebiet aus. Hier konnten sie ihren Lebensunterhalt verdienen. Die Mädchen mit dem Temperament des Südens freundeten sich rasch mit den Jugendlichen der Gegend an und bald schon wurde meine Mutter schwanger. Sie war 21 Jahre alt und mein Vater, der soeben eine Lehre abgeschlossen hatte und nun eine höhere Schule absolvieren wollte, 18-jährig.

Sie wollte mich nicht austragen, doch weder heiße Bäder noch ein Besuch bei einem Arzt konnten verhindern, dass ich zur Welt kam. Die Eltern meines Vaters waren sehr verzweifelt und mein Großvater versuchte sich sogar das Leben zu nehmen. In ihrer Not hatten sie eine Adoptivfamilie für mich gesucht und gefunden. Dort, weit weg, sollte ich besser aufgehoben sein.

Doch meine Mutter weigerte sich, dies zu akzeptieren, und ich kam nach der Geburt in ein Kinderheim. Sie musste Geld verdienen. Mein Vater, der mich oft besuchte, studierte nun an der Hochschule. Nach ein paar Monaten beschlossen meine Großeltern, meine Mutter und mich bei sich aufzunehmen. Dort blieben wir mehrere Jahre, und als mein Vater 20 Jahre alt war, heirateten meine Eltern."

Bemerkenswert an der Sache ist, dass sich die ganze Familie, eine ganze Gemeinschaft gegen die Person verschworen hatte; etwas, das übrigens auch im persönlichen Horoskop aufnotiert ist.

Die Horoskopeignerin hat in den neun Monaten immense emotionelle Defizite miterlebt und wurde so gezwungen, den Mangel an Geborgenheit weitgehend ohne Hilfe von außen in sich selbst zu finden: Es galt den Mond, der die Gemütswelt beherrscht, positiv zu entwickeln.

Die moderne Astropsychologie beschreibt aufgrund dieser und ähnlicher Erlebnisse das negative Lebensskript nun nicht im Sinne: „Die Arme kann ja gar nicht anders, als sich immer wieder in Situationen zu begeben, wo sie gezwungen wird, ums Überleben zu kämpfen. Denn mit diesen Erlebnissen und diesen Konstellationen geht das ja gar nicht anders." Im Gegenteil dazu geht es darum, bewusst zu machen, dass solche Prägungen ein Stück aus der Vergangenheit sind und dort bleiben sollten.

Also:
Defizitär oder destruktiv = unerlöste Vergangenheit
Konstruktiv = erlöste Vergangenheit

Sich entwickeln bedeutet, durch die Veränderung eines destruktiven Lebenscodes eine harmonische Beziehung zu Familienangehörigen zu erreichen, die sich wiederum förderlich auf die Entwicklung der Horoskopeignerin auswirkt.

Im Astro-Coaching ist es die Aufgabe, auf diese konstruktiven Möglichkeiten hinzuweisen, um so dazu beizutragen, dass der Klient neue Zukunftsperspektiven erkennt und damit seine Vergangenheit erfolgreich bewältigen kann.

Defizitäre Auswirkungen einer ungünstigen Erziehung

Es gibt Elternhäuser, in denen es verpönt ist, den Gefühlen freien Lauf zu lassen. „Everything under control." Das ist keine gute Basis für eine Partnerschaft.

Mit „man weiß nie, woran man ist" beklagt sich dann oft der Partner. (Dieser muss aber eine Affinität dazu haben, sonst hätte er ein solches Du gar nicht angezogen.)

Still vor sich hin leidende Mütter oder solche, die Gefühle nur zeigen, wenn sie etwas zu klagen haben, bringen ebenso ungute Voraussetzungen wie Väter, die als die Emotionen zurückhaltenden Männer durchs Leben gehen. Ein Kind, das solches erlebt und nicht frühzeitig rebelliert, wird als emotional gehemmtes Wesen ein freudloses Dasein führen.

Destruktive Auswirkungen einer ungünstigen Erziehung

Wenn das Kind in einem Umfeld aufwächst, in dem es immer wieder mit unkontrollierten Gefühlsausbrüchen konfrontiert wird und sich bei jeder Kleinigkeit emotionale Dramen abspielen, bekommt es auch ein schweres Handicap mit auf den Weg.

Wenn es bei seinen ersten Gehversuchen hinfällt und erlebt, wie Mutter, Vater und Anhang laut losschreien und in heller Aufruhr Kaffeetassen umschmeißen, kann es nicht abschätzen, wo das Maß der Dinge ist, und erlangt so keinen Zugang zur eigenen Gefühlswelt, also zu seinem „inneren Mond".

Konstruktive Auswirkungen einer guten Erziehung

Der konstruktive Krebs und die Familie – ein Paradebeispiel
Ende der 70er-Jahre wurde ich eingeladen, beim Schweizerischen

Institut für höhere kaufmännische Bildung (SIH) einen Workshop über Astrologie im Business-Alltag, speziell im Personalwesen, zu geben. Unter den Teilnehmern war auch ein feinfühliger, sensibler junger Mann, der gemeinsam mit seinem Vater eine international bekannte, erfolgreiche Schweizer Firma leitete. Es handelte sich um einen Familienbetrieb, der vom Urgroßvater gegründet war und auf eine lange Tradition zurückblickte. Mich beeindruckten die Unvoreingenommenheit und Objektivität des Mannes – und seine Zivilcourage! Denn in der streng katholisch geprägten Gegend der Innerschweiz gab es großen Widerstand gegen die Astrologie. (In vielen Kirchenkreisen wurde die Astrologie nicht als Wissenschaft wahrgenommen, sondern als Ersatzreligion.) Der Krebs-Mann sprach damals mit Verehrung und großem Respekt von seinem Vater, der im gleichen Zeichen wie er geboren war. Es war mir eine Freude, als ich später einmal im Fernsehen sah, dass er als Unternehmer des Jahres den Swiss Award in der Kategorie Wirtschaft verliehen bekam und in seiner Ansprache voller Bescheidenheit seinem 90-jährigen Vater die Lorbeeren weiterreichte. Dieser Unternehmer mit christlicher Ethik, so wird er von der Öffentlichkeit wahrgenommen, kennt in seiner Firma kaum Kündigungen. Seine Angestellten schätzen seine ehrliche und warmherzige Art – Eigenschaften, welche dem konstruktiven Krebs zugeordnet werden. Kaum eine Institution kann von sich behaupten, dass es bei ihr, wie in diesem großen „Familienbetrieb", so gut wie keine Kündigungen gibt. Wie man in den Wald ruft, so schallt es heraus. Manchem Jungmanager, der sich, kaum angestellt, in einer Firma stolz mit knallharten Umstrukturierungsmaßnahmen brüstet, sei angeraten, sich daran ein Beispiel zu nehmen.

Manche Kinder erleben es nie, dass sich die Eltern vor ihren Augen küssen oder liebevoll in den Arm nehmen. Jene aber, die dieses Bild vor Augen bekommen, werden kaum Mühe haben, Gefühle zu zeigen: positive und negative.

In einem behüteten, liebevollen Umfeld aufzuwachsen ist ein Geschenk, das das Kind später auch an andere weitergeben wird.

Psychosomatische Auswirkungen bei einer unentwickelten Anlage

Magenbeschwerden, Essstörungen (Über- oder Untergewicht) sowie Depressionen, hormonelle Störungen, Brustkrebs und Störungen der Drüsenfunktion.

So können Probleme entstehen

Durch Unterdrückung von Gefühlsregungen „Puschkin – für harte Männer“, durch die Verweigerung, etwas vom Innersten preiszugeben (defizitär) oder durch Anklammern, nicht Loslassen und durch emotionelle Bedrängung (destruktiv).

So können Probleme gelöst werden

Indem Gefühle gezeigt werden und darüber kommuniziert wird. Wenn man statt zu reden auch mal den anderen nur in den Arm nimmt (signalisiert „ich versteh' dich ja“).

Es ist in unserer Gesellschaft beliebt, sich mit dem Besuch von Sport-, vor allem Box- und Fußballveranstaltungen, verdrängter Emotionen zu entledigen. Solche Veranstaltungen dienen als Projektionsfläche der Gefühle sowie das Anschauen rührseliger Filme. (Weinen im Stillen ist gesellschaftlich gestattet.)

Es ist anzustreben, dass sich der Einzelne emotional ausdrücken und sich ein liebevolles Umfeld (Familie, Freunde) schaffen kann.

Lernen können wir dies vorwiegend von den konstruktiv lebenden Krebs-Menschen, die ausgesprochen warmherzig und mitfühlend sind.

Da wir aber alle den Mond im Horoskop haben, ob nun Widder, Jungfrau oder Schütze usw., und damit auch eine Krebsanlage haben, liegt es in unserer Macht, diese Anlage auszubilden, um so zu einem erfolgreichen „Mond-Menschen“ zu werden.

Ein Entwicklung förderndes homöopathisches Mittel ist u.a.

Silber, in Form von Silbertabletten. Den Kleinkindern wurde früher der Brei mit dem sogenannten „Tauflöffel“, einem Silberlöffel, eingegeben. Das trug zur Beruhigung bei.

Krebs-Mond pur – das Klischee

Nachfolgend ein Bericht aus den Nachrichten, Freitag, 26. Juni, 10.30 Uhr: „Junge Heldin: Ein zwölfjähriges Mädchen hat in Derendingen/SO ihren zweijährigen Bruder aus einem brennenden Haus gerettet. Dank ihres Einsatzes wurde bei dem Feuer niemand verletzt. Die Brandursache ist noch unklar.“ Hier hat die junge Dame über die Betreuung (Krebs-Anlage) hinaus mutig gehandelt.

Eigene Erlebnisse und Erfahrungen

Betreuung. Meine Schwester Iris hat die Sonne im Zeichen Krebs. Sie ist beruflich im sozialen Bereich tätig, wo sie das lebt, was man diesem Wasserzeichen nachsagt: hegen, pflegen, beschützen und bewahren. Als mein inzwischen verstorbener Vater einen

Schlaganfall erlitt, der ihn bewegungsunfähig machte, war sie es, die ihm die Haare wusch, Fuß- und Fingernägel schnitt und sich besonders liebevoll um ihn kümmerte.

Krebs-Anlage und der Garten
Meine Mutter hat die Sonne im Zeichen Steinbock, positioniert aber im 4. Haus, dem Zeichen des Krebses zugeordnet: Heim und Familie. Für sie waren ihre vier Kinder die Erfüllung und wir bekamen eine Zuwendung, wie man sie sich nur wünschen kann. Als zweite Leidenschaft hegt und pflegt sie mit ihrer ganzen Aufmerksamkeit ihren Garten. Sie ist eine gute Köchin und hat Nachbarn, die wie sie, liebevoll und hilfsbereit sind.

Freund der Tochter, Freund des Vaters
Als die Beziehung zwischen meiner ältesten Tochter und ihrem Freund, im Zeichen Krebs geboren, auseinanderging und es mir nach einer großen Krise wirtschaftlich sehr schlecht ging, pflegte er weiter den Kontakt zu mir und lud mich immer wieder spontan zu einem Mittagessen in ein Restaurant ein, zudem steckte er mir danach manchmal noch einen Geldschein zu. Dieses sind Beispiele einer gut gelebten – konstruktiven – Krebs/Mond-Anlage.

Verstockte Gefühle gelockert
Mein Großvater, ein Urbayer, war in bestimmten Situationen cholerisch und kam leicht mal, wie er sagte, „in die Brast“. Er hatte ein gespanntes Verhältnis zu seiner Frau, meiner Großmutter, und zu meiner Mutter, die mit mir im gleichen Haushalt ihrer Eltern lebte. Man fürchtete ihn. Doch als kleiner Junge nahm ich das kaum wahr und rannte ihm jedes Mal, wenn er von der Arbeit nach Hause kam, freudig entgegen: „Opa, Opa!“ („Schön, dass du da bist“).

Oft schwang er sich dann auf sein Fahrrad und nahm mich mit, um mir die schöne Gegend um Cuxhaven zu zeigen. Diese unbefangene Zuneigung führte dazu, dass wir gute Freunde wurden und das auch blieben – bis zu seinem Tod im Alter von 93 Jahren.

Die zärtliche Schwester
Sehr rührte mich die siebenjährige Spielkameradin meiner Tochter, die, wenn es ihrer jüngeren Schwester nicht gut ging, diese wie eine kleine Mama liebevoll in die Arme nahm und tröstete: „Liebes Schwesterlein, ich bin bei dir, du kannst auf meine Hilfe zählen." Ein gut entwickelter Mond.

Horoskop mit indirektem Krebs/Mond-Thema:

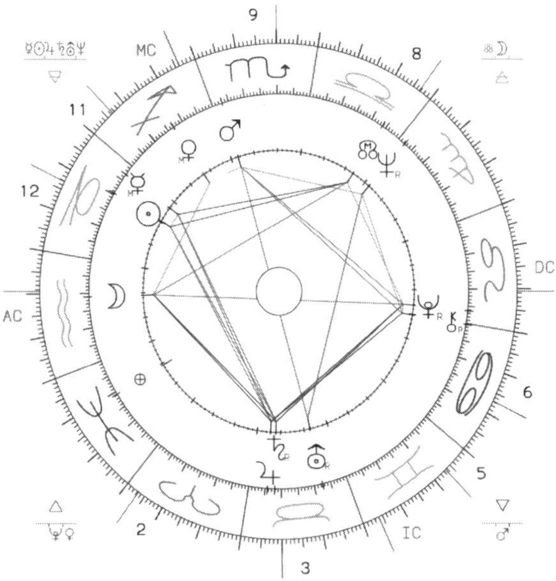

Hier befindet sich die Sonne im Saturn-Zeichen Steinbock, also kein Prinzip im Zeichen Krebs, jedoch der Herrscher des Wasserzeichens, der Mond, am Aszendenten (AC): Ein sehr gefühlsbetonter Mensch.

Das Löwe- und Sonne-Prinzip: Sich seiner selbst bewusst werden

23. Juli bis 23. August

Zu sich stehen, Courage und Charakter zeigen, Selbstbewusstsein entwickeln, seiner Eigenart Ausdruck verleihen und dieser selbstbewusst nach leben.

Cultus magnificus addit hominibus auctoritatem:

Eine großartige Lebensweise steigert das Ansehen der Menschen.

Möglicher Lieblingsspruch: „Ich denke, also bin ich."

Horoskop mit starkem Löwe/Sonne-Thema

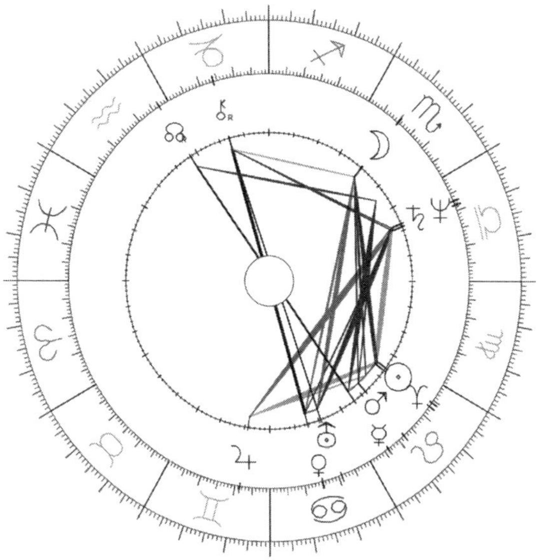

Sonne, Merkur, Mars und Pluto im Feuerzeichen Löwe = starker Löwe-Einfluss.

Die wichtigste karmische Aufgabe für Löwe-Geborene ist es, zu sich zu stehen und sein Selbst couragiert zu vertreten.

Auf der Löwe/Sonne-Ebene erfährt das Kind, welchen Stellenwert es in der Familie einnimmt. Wird es geachtet, geschätzt und geliebt?

Aus den Reaktionen der Eltern entnimmt es, ob seine Eigenart respektiert oder missachtet wird. Wie steht der Vater zu sich, wie die Mutter? Müssen diese kuschen, weil sie womöglich noch im Haus von Eltern oder Schwiegereltern leben, die als Dank unbedingten Gehorsam bezüglich ihrer Normen verlangen?

Welches Feedback kommt, wenn sich das Kind einbringen will? Findet es Beachtung? Geschieht dies nur, wenn das Kind irgendetwas macht: etwas Gutes oder Dummes? Wird es getadelt oder gelobt? Unsere Nachbarn, die Italiener, haben meist in puncto Selbstdarstellung keine Probleme: Kaum sind sie auf der Welt, versammelt sich ein Tross von Verwandten um die Wiege, der dann wie später auf alle noch so einfachen Reaktionen ein positives Feedback gibt. So bekommt der Sprössling Zuspruch und erlebt früh, dass er beliebt ist und geschätzt wird. Sein Selbstbewusstsein entwickelt sich gut – manchmal auch zu gut.

Das inzwischen verstorbene Berner Original Madame de Meuron, eine Berner Adelige, ihres Zeichens Löwe, war bekannt durch ihr überaus selbstbewusstes, ja sogar arrogantes Auftreten. Sie wurde in dem Geist erzogen, Nichtadelige als gemeines Volk zu behandeln. Ihr immer wieder zitierter Lieblingssatz lautete: „Sind Sie jemand oder nehmen Sie Lohn?“ Und als sie einmal mit ihren zwei Hunden unterwegs war, ging sie auf einen Polizeibeamten zu mit den Worten: „Halten Sie mal meine Hunde. Ich muss einkaufen.“

Das ist die destruktive Seite von Löwe-Geborenen. Diese findet man auch bei Egomanen, die vor dem Nachtclub an hundert Wartenden vorbeistolzieren, ihre Sonder-Nobel-Eintrittskarte zeigen, um hernach einige Flaschen Champagner à 1000 Euro zu bestellen, ebenso findet sich diese destruktive Seite bei Pelzträgern, die sich in ihrer Eitelkeit sonnen und denen es ganz egal ist, ob dafür Tiere leiden mussten.

Positive Sonne-Typen sind gute Vorbilder, die auch weniger Bedeutenden ihre volle Aufmerksamkeit schenken, wie z.B. Günter Jauch, der Moderator von „Wer wird Millionär?“ (Sonne in den Fischen).

Von übergroßem Selbstbewusstsein handelt folgender Witz aus den 70er-Jahren: Als die Raumfahrer vom Mond zurückkamen, gaben sie in aller Welt Vorträge. Vom US-Präsidenten erhielten sie 50.000 Dollar mit den Worten: „Erzählt allen, dass ihr auf dem Mond den lieben Gott gesehen habt.“ In Russland gab ihnen das politische Oberhaupt 50.000 Rubel: „Erzählt allen, dass ihr dort keinen Gott gesehen habt.“ Angekommen in Bayern, beim Politiker Franz Josef Strauß, wurden sie mit gönnerhaften Worten empfangen: „So, auf dem Mond ward ihr also. Habt ihr den lieben Gott gesehen? Sieht er mir ähnlich?“

Und dazu eine zum selbstbewussten Löwe passende Anekdote:

Um etwa 300 v. Chr. seufzte der Sohn von Alexander dem Großen, König von Mazedonien: „Mein Vater wird noch die ganze Welt erobern und mir nichts übrig lassen.“

Pränatale Prägungen

Die pränatalen Erlebnisse prägen das Verhalten in der Gruppe. Wie reagiert und fühlt sich das Ich in der Gemeinschaft? Wie sind die Einstellung, das Verhalten, das Grundgefühl, wenn sich Gruppen bilden?

Pränatalpsychologen sagen: Kommt es zu einer Gruppenbildung, dann spiegelt sich in dieser das Grundgefühl der pränatalen Zeit wider, was erklärt, warum sich Einzelne abgelehnt, nicht dazugehörig, innerlich gespannt, ausgeliefert fühlen oder auf Anhieb sehr akzeptiert, erwünscht, beliebt, gewollt, geehrt usw.

Ein längerer Aufenthalt in einer Gruppe, die nicht verletzend, dafür taktvoll, gütig, förderlich, wohlwollend, hilfreich, zuvorkommend und liebevoll/respektvoll reagiert, ist daher die beste Therapie.

Defizitäre Auswirkungen einer ungünstigen Erziehung

Wird der Betreffende von den Erziehern heruntergesetzt, tendiert er zu Schüchternheit und Gehemmtheit: ein Plüschlöwe, der im Stillen all die großen Persönlichkeiten bewundert und das Poster seines Idols, vielleicht Arnold Schwarzenegger, irgendwo versteckt an der Wand hängen hat.

Später bekommt er als willensschwacher Mensch in der Firma unbeliebte Aufgaben, wird herumgeschubst und womöglich gemobbt. Und je nach Intensität tanzen ihm Partner und Kinder auf der Nase herum – irgendwann wird er abhängig von Vater Staat oder von der Medizin.

Destruktive Auswirkungen einer ungünstigen Erziehung

Es gibt Länder, da wird das Ego so gepflegt, sodass Anmaßung, Arroganz und Rücksichtslosigkeit in Reinkultur vorherrschen. „Erst komme ich und viel später die anderen“ ist die Devise.

Im Märchen „Des Kaisers neue Kleider“ wird der in sich verliebte Monarch, ein Egomane pur, von einem kleinen Kind bloßgestellt.

Konstruktive Auswirkungen einer guten Erziehung

Charisma(tik), Ausstrahlung und persönliches Format zeichnen in diesem Fall den Sonne/Löwe-Typus aus. Kinder, die in ihrer Eigenart geschätzt und gefördert werden, entwickeln sich zu einer gewinnenden Persönlichkeit mit Ausstrahlung, so wie z.B. die Löwe-Geborenen Bill Clinton oder Barack Obama (welcher aber den Fische-Planeten Neptun im Spannungsfeld zur Sonne hat). Realität und Traum sind ebenfalls Thema. Sonnentypen sind Menschen mit Ausstrahlung, die sich wohltuend von all den grauen Eminenzen abheben, so wie es Grace Kelly (mit Sonne im Skorpion) tat.

Aufgewachsen in einem Elternhaus, in dem das Ego gepflegt wird, lässt ein destruktiver Löwe/Sonne-Typ anderen keinen Raum und lädt sich z.B. den Teller am Esstisch auch dann voll, wenn für alle anderen nur noch wenig übrig bleibt.

Psychosomatische Auswirkungen bei einer unentwickelten Anlage

Herzschmerzen, Infarkt, Augenprobleme, Rückenleiden.

So können Probleme entstehen

Sie entstehen, wenn der Betreffende sein Ego vor alle anderen stellt. Wenn mit dem Kauf einer Edelkarosse, einer Villa oder Goldkette das persönliche Budget weit überschritten wird.

So können Probleme gelöst werden

Indem der Betreffende zu sich steht und couragiert auch Höhergestellten seine Meinung sagt. Probleme können gelöst werden, wenn der Betreffende seine prädestinierte Position dafür nutzt, Schwächeren und Hilfsbedürftigen beizustehen. Als Beispiele hierfür sind die sonnigen Jungfrau-Typen Franz Beckenbauer und Sophia Loren zu nennen. Der Ex-Fußballspieler mit dem Spitznamen Kaiser scheute sich nie, couragiert seine Meinung auch gegenüber Höhergestellten zu äußern. Zu Beginn tat er dies gegenüber den Trainern und Präsidenten, später gegenüber gesellschaftlich hochgeachteten Persönlichkeiten. Und Sophia Loren hat eine einmalige Ausstrahlung. Man könnte sagen: Sie kommt nicht in den Raum – sie erscheint – wie die Sonne.

Ein Entwicklung förderndes homöopathisches Mittel ist u.a.

Aurum (Gold), ein Aufbaumittel, wenn es an Selbstbewusstsein fehlt.

Löwe-Sonne pur – das Klischee

Den typischen Löwe-Geborenen fehlt es nicht an Selbstvertrauen; böse Zungen behaupten, sie hätten das Ego für sich gepachtet.

Folgende Geschichte handelt von einem, der davon nicht zu wenig hatte: Genaro Gajardo, ein 72-jähriger Rechtsanwalt aus Chile hatte für den Fall seines Todes Vorsorge getroffen: dass der Mond nicht in falsche Hände komme. In seinem Testament „vererbte" er den Himmelskörper an Chile und veröffentlichte diese Klausel seines Testaments in der Sonntagsausgabe der in Santiago erscheinenden Zeitung „La Tercera". Gajardo war seit 1954 „Eigentümer" des Monds. In jenem Jahr hatte er ihn unter Beachtung des internationalen Rechts auf seinen Namen ins Grundbuch der Stadt Talca, 250 km südlich von Santiago, eintragen lassen.

Zu den besten Anekdoten, die sich um diesen Juristen ranken, gehört die, dass er US-Präsident Richard Nixon, der NASA und den Astronauten Aldrin, Collins und Armstrong 1969 die „Erlaubnis" zur Landung auf dem Planeten gab.

Beispiele aus der Praxis

Nachfolgend ein Erlebnis aus einer Astrologiegruppe: Egon (Name geändert) kam meist zuletzt und stets düster blickend in den Raum, wo sich in Zürich eine Gruppe von über 30 Personen befand. Diese beachteten ihn entweder nicht oder begegneten ihm mit einem ebenso düsteren Blick. Bei der Horoskop-Analyse kam zum Vorschein, dass er ein unerwünschtes Kind war.

„Ich will dieses Kind nicht", hatte die Mutter während der ganzen Schwangerschaft gesagt und gedacht. Die Ablehnung war in jeder Zelle seines Körpers verankert und kam nun durch sein Verhalten zum Ausdruck. Zudem bestätigte das Feedback der Gruppe die von ihm seit eh und je erlebten Ablehnungen und Missachtungen.

In seinem Beisein informierte ich die Gruppe über die Mechanismen pränataler Prägungen und über psychologische Interventionen zur Auflösung von Blockaden.

Ich schlug vor, dass in Zukunft immer dann, wenn er düster dreinschaue, alle anderen, anstatt wie ihn bisher zu spiegeln, freundlich zurückschauen sollten.

„Ihr werdet sehen, was bald einmal passiert", sagte ich. Gesagt, getan.

Er wurde über das, was geplant war, informiert, also in diesen Prozess einbezogen. Zunächst reagierte er darauf verunsichert: „Lachen die mich nun aus? Meinen die das wirklich ernst?" Doch die Gruppe ließ sich nicht beirren und blickte weiter freundlich, ja später sogar liebevoll zurück. Der Effekt war, dass sich nun die Ausbildungsteilnehmer mehr und mehr auf ihn freuten, und im Laufe von wenigen Wochen geschah ein Wunder: Seine bisher starren Gesichtszüge wurden weicher und auf einmal lächelte er zurück, was von der Gruppe mit ehrlichem Beifall begrüßt wurde.

So verzog sich das Dunkel und auch in seinem privaten Umfeld bekam er – ob nun z.B. am Kiosk, im Lebensmittelladen oder bei der Post – neu ein wohlwollendes Feedback. Er entwickelte sich zu einem freundlichen und entgegenkommenden Menschen und wurde selbstsicherer.

„Die Gruppe ist der beste Therapeut", sagte ein befreundeter Psychologe. – Wie wahr!

Sich zum Leader berufen fühlen

An einem Männerworkshop wurde den 20 Anwesenden die Frage gestellt, wer sich zum Chef berufen fühle und sich zur Wahl stellen wolle.

Umgehend hob ein Amerikaner die Hand: „Ja, diese Rolle würde ich gerne übernehmen." Ein Schweizer, welcher durch seine starke Persönlichkeit und sein Charisma auffiel, hielt sich, wie es bei vielen zu Bescheidenheit erzogenen Schweizern der Fall ist, zurück, wurde aber auch zur Wahl vorgeschlagen.

„Ja, ich würde dieses Amt – im Falle – schon übernehmen." So seine Worte darauf. Während z.B. Deutsche, Italiener, Amerikaner, Franzosen und viele aus anderen Ländern den direkten Weg gehen, ist es in der Schweiz üblich, dass man versucht, es andere merken zu lassen.

So aber wird das Löwe/Sonne-Prinzip verdrängt. Der Effekt ist, dass sich manch einer zurückhält und hofft, dass es die anderen doch merken müssten, oder sich ärgert, wenn sich eine Angebetete dem selbstbewussten, forsch direkt drauflos gehenden Mann, z.B. aus dem Balkan, aus Italien oder Südamerika, zuwendet.

Im oben stehenden Beispiel wurde der Bescheidene von seinen Landsleuten gewählt.

Dieser aber hätte in den USA gegenüber dem selbstbewussten Amerikaner keine Chance gehabt. In einem Land, in dem der Boxer Muhammed Ali bei jeder Gelegenheit ausrief: „I'm the greatest!" Und Obama ausruft: „Yes, we can!"

Horoskop mit indirektem Löwe/Sonne-Thema

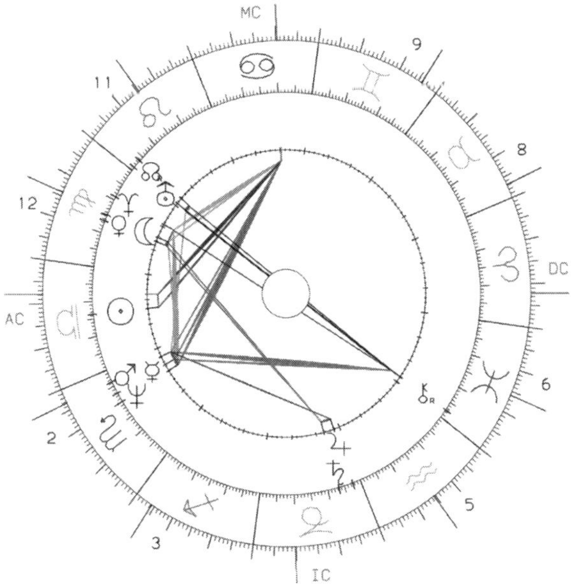

Sonnige Typen finden wir nicht nur im Löwen, sondern in jedem Zeichen, was aber erst nach der Berechnung des persönlichen Horoskops ersichtlich ist. In diesem Fall befindet sich die Sonne wie der Aszendent im Zeichen Waage, sodass man meinen sollte: eine typische Waage. Doch die Regentin des Löwen, die Sonne, steht am Aszendenten (AC), was einen starken Löwe-Einfluss ergibt. Das kommt an jedem Tag des Jahres vor!

Das Jungfrau- und Chiron-Prinzip: Schulung der Wahrnehmung, Einzelheiten erkennen

24. August bis 23. September

Eigene Wahrnehmung, Beobachtung, Analyse. Die Fähigkeit, Korrekturen im Leben um- und durchzusetzen. Hygienisch und gesund leben.

Res severa est verum gaudium: Eine ernste Sache ist die wahre Freude.

Möglicher Lieblingsspruch: „Wissen ist Macht."

Horoskop mit starkem Jungfrau/Chiron-Thema

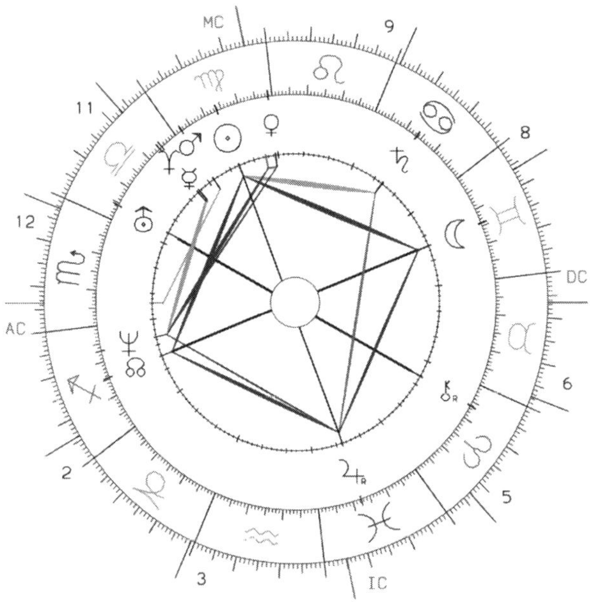

Hier befinden sich Sonne, das Medium Coeli (MC), Mars und Venus in der Jungfrau: Eine starke Prägung des Erdzeichens.

Auf der Jungfrau/Chiron-Ebene lernt das Kind Mankos zu eliminieren, Fehler zu korrigieren und Dinge zur Perfektion zu bringen. Es lernt Notwendiges zu bereinigen, auf Hygiene zu achten und danach zu schauen, wo es etwas zu verbessern gibt.

Hier geht es um die Fähigkeit, sich zu heilen und zu gesunden. Mit dem Erwachen der Sinne wird die Wahrnehmung gestärkt. Aufmerksamkeit wird geübt, ebenso wie die Kunst, sein „kleines" Wissen weiterzuvermitteln.

Wo muss Bescheidenheit anstelle von „Alles-fordern-und-verlangen" treten?

Worin liegt der Wert, Einzelheiten zu erkennen und bei den Arbeiten Präzision walten zu lassen? Hier wird die Erfahrung gemacht, dass Hygiene und Sauberkeit wichtig sind und es gut ist, reinlich zu leben. Das Individuum lernt, dass Weiterentwicklung dank konstruktiver Kritik am rechten Ort und zur rechten Zeit wertvoll ist, und nimmt wahr, dass Koordination im Leben notwendig ist.

Nun beginnt das Kind seine eigene Wahrnehmung mit jener der Eltern und Erzieher zu vergleichen. Wird etwas beschönigt, vertuscht, falsch dargestellt oder gelogen, so stellt sich beim Kind eine recht große Verwirrung ein. Wird z.B. abschätzig von Verwandten gesprochen, bei deren Anwesenheit aber gegenteilige Reaktionen gezeigt oder diese gar hofiert werden, beginnt es an seiner Wahrnehmung zu zweifeln und sein Selbstvertrauen wird erschüttert.

Zaudern und zagen wird es in der Schule, wenn die Lehrerin fragt: „Was siehst du da?" Es wird für dumm erklärt, „weil es nicht mal einen Esel von einem Pony unterscheiden kann." Die in der Latenz stehende Schüchternheit und der jungfrautypische Mangel an Selbstvertrauen werden so verstärkt.

Auf der Jungfrau-Ebene wird zudem das Kind zu Reinlichkeit und Sauberkeit erzogen. Gesundheit und Hygiene werden vorgelebt. Zum anderen können Eltern, die hier Mankos haben, hier mit einem schlechten Beispiel aufzeigen, wie man es eben nicht macht.

Ein Chiron/Jungfrau-Typ hat die Aufgabe, seinen Blick fürs Detail zu schärfen, exakt zu arbeiten, gut zu analysieren, präzisieren, genau zu beobachten und die Wahrnehmung zu schulen.

Der Betreffende hat die Wahl: Entweder a) ständig an allem und jedem herumzunörgeln, b) sich der vom Schicksal gestellten Aufgabe zu verweigern und passiv zu bleiben – was dazu führen wird, dass er nach dem Gesetz der Affinität Menschen anzieht, die *ihm* täglich sagen, was er alles falsch macht, oder c) dank seiner ausgezeichneten Beobachtung und hervorragenden analytischen Fähigkeiten andere auf Wesentliches aufmerksam zu machen, ihnen zu helfen, unnötige Fehler und Irrwege zu vermeiden – ihnen heilsame Ratschläge zu geben.

Typisches Beispiel: der geniale Ex-Fußballstar, Jungfrau-Geborener, Franz Beckenbauer, der bekannt war für seine kluge Spielübersicht und präzisen Pässe. Heute ist er oft Gast in den Sportstudios, wo er Spiele und Spieler brillant analysiert. Das gleiche trifft auf seinen Kollegen zu, den im gleichen Zeichen geborenen Günther Netzer, der sich ebenfalls durch diese Qualitäten auszeichnet.

Pränatale Prägungen

Vorgeburtliche Erlebnisse prägen das Leben. Diese beeinflussen Einstellung, Sinnsuche, Aufgaben und Anziehungsbereiche ganz entscheidend. Das Was und Wie steht im Horoskop. Tietze, Rank, Graber und Ferenczy sind die Vorreiter der pränatalen Psychologie. Sie haben mit ihren Erfahrungsberichten Tausende von Seiten gefüllt.

So kann z.B. eine in der Schwangerschaft erlebte Krankheit der Mutter dazu führen, dass der Native entweder selbst oft krank wird – Stempel: "Das Leben bedeutet krank sein" – oder er ergreift später einen Beruf, in dem er heilend wirkt =Affinität. Unbewusstes Motiv: "Die Krankheit muss überwunden werden." Eine weitere Möglichkeit ist, dass er diese Thematik immer wieder anzieht, indem Partner, Kinder oder Eltern oftmals krank sind. Projektion: etwas Gewohntes im Umfeld erleben. Unbewusste Einstellung: „Krankheiten sind normal."

Das in der Psychologie so oft gebrauchte Wort "Wiederholungszwang" (Sigmund Freud) könnte als "karmischer Schicksalszwang" bezeichnet werden.

Hier die Geschichte eines Mannes, der während der vorgeburtlichen Phase die Erkrankung der Mutter miterlebte:

Zur Welt gekommen, erhielt der Betroffene ein Jahr lang Hormonspritzen, die Krankheit und Entwicklungshemmungen auslösten. Nach einer Regeneration wurde ein Höhepunkt Jahre später erreicht. Als er erneut gesundheitlich angeschlagen war und wieder Hormonspritzen bekam, wurde die bis dahin „sehr gute Entwicklung" (Zitat der Mutter) abrupt gebremst. Der junge Mann erlebte so, dass die Normen von Fremden über die seiner Erzieherin gestellt wurden. Sein Vertrauen wurde erschüttert. Keine einfache Sache für ihn.

Defizitäre Auswirkungen einer ungünstigen Erziehung

Wer die Chiron-Jungfrau-Anlage defizitär lebt, ist geprägt von Einschüchterungen, gehemmt und seelisch oder physisch krank. Leidend. Nach dem Gesetz der Affinität zieht er immer wieder Menschen an, die an ihm herumnörgeln, ihn umerziehen wollen und kritisieren. Nimmt er sich endlich einmal vor, etwas zu verbessern, fehlt ihm die Kraft.

Eine unerlöste Jungfrau/Chiron-Anlage bedeutet: Antriebsarmut, Mangel an Hygiene und Wahrnehmung. Ein Leben im Chaos.

Destruktive Auswirkungen einer ungünstigen Erziehung

Der Betreffende identifiziert sich mit der Rolle der Erzieher. In diesem Fall maßregelt er andere, kritisiert, nörgelt, lügt, zerredet viel und ist verletzend. Ein Oberlehrer-Syndrom.

Passend dazu sind auch: Putzwahn und ein Hygienefimmel. Ein freudloses Leben, in dem die Worte „Pflicht und Anstand" oft gebraucht werden.

Konstruktive Auswirkungen einer guten Erziehung

Ein Talent ist ausgebildet, wenn der Einzelne dank einer hervorragenden Wahrnehmung auf Wichtiges aufmerksam macht. Wenn zur guten Menschenkenntnis die Gabe des Umgangs mit Kritik hinzukommt. Entwickelt: Psychologische Fähigkeiten, Begabung zum Heilen, exakte Analysen erstellen können.

Psychosomatische Auswirkungen bei einer unentwickelten Anlage

Gemüt-Körper-Reaktionen sind bei diesem unerlösten Prinzip: Gemütsprobleme, Leiden nicht auflösen können, Nervosität, Nervenleiden, Darmverschlingung, Durchfall, Hypochondrie, Haltungsschäden.

So können Probleme entstehen

Durch Mangel an Wahrnehmung, Kritik, Hyperaktivität, Nörgelei, Lüge, Gefühlsarmut, Kopflastigkeit, Leben in Schmutz oder Sterilität, Faulheit oder Arbeitswut, Schüchternheit, Masochismus.

So können Probleme gelöst werden

Durch kritisches Hinterfragen, aneignen von (Spezial-)Wissen, Besuch von Selbsterfahrungsgruppen, Schulung der Wahrnehmung und Beobachtung.

Ein entwicklungsförderndes homöopathisches Mittel ist u.a.

Mercurium hahnemani. (Sowie Mittel, die durch Reinheit und filigrane Natur bestechen.)

Jungfrau-Chiron pur – das Klischee

Im Teletext vom 26.6.2009 las man: **Ins Solarium nur noch ab 18 Jahren?** In Deutschland soll der Solarium-Besuch für Jugendliche unter 18 Jahren verboten werden. Dies wurde vergangene Woche entschieden. Recherchen von „10vor10" zeigen nun: Auch die Schweizer Behörden arbeiten an einem solchen Gesetz. Das BAG begründete sein Vorhaben mit den gesundheitlichen Gefahren von Solarien, u.a. einem erhöhten Hautkrebsrisiko bei regelmäßigem Besuch. Man habe es mit Information versucht, damit aber keinen Erfolg gehabt. Zudem würden Solarien von immer jüngeren Besuchern genutzt. Der Solarien-Verband Schweiz Photomed wehrt sich gegen das geplante Verbot. So etwas sei „völlig übertrieben". Einmal mehr versuchen sich Staatspersonen in die Erziehung der Eltern einzumischen. Bei Personen unter 18 Jahren liegt die Verantwortung immer noch bei Mutter und Vater.

Praktische Beispiele

Benutzt

Ein Jungfrau-Geborener ließ sich von seiner Frau alles gefallen. Immer wieder hatte sie einen Freund. Kein typischer Löwe, Widder oder Schütze würde das zulassen, sondern hätte gepoltert oder die Konsequenzen gezogen. Er aber litt still vor sich hin. Masochismus sei gegrüßt. Warum? Seine Lebensgeschichte, sein Werdegang deckte es auf. Er wurde gezeugt, als es seiner Mutter gesundheitlich schlecht ging. Der Arzt meinte, dass sich über eine Schwangerschaft das Gift im Körper auf das Kind übertragen und es dann an ihrer Stelle sterben würde. „So könne das Leben der Mutter gerettet werden." Aber er überlebte. Auch hier war die Macht von außen stärker, als die seiner Bezugsperson. Programmiert wurde hier: Dein Leben ist nicht so wichtig.

Wissen ist Macht

Viele Jungfrau/Chiron-Typen sind stolz, wenn sie mit einem fundierten Wissen (meist in einem Spezialgebiet) brillieren. Klugheit fasziniert. Kein Wunder, dass Quiz-Sendungen wie „Wer wird Millionär?" ebenso erfolgreich sind wie Filme darüber, z.B. „Slumdog Millionär".

Manche Jungfrau-Geborenen beeindrucken mit ihren glasklaren Analysen. Auch der Moderator der eingangs erwähnten Quiz-Sendung Günther Jauch verfügt über großes Wissen. Minimalste Kenntnisse setzt er auch bei der jüngeren Generation voraus. Setzen musste er sich erst einmal, als er ein Referat in einer Schule vor 13- bis 15-jährigen Schülern gab und fragte, wie der erste Satz im Deutschen Grundgesetz lautet. Diese berieten sich und kamen hernach zum Schluss: „Yes, we can.“ Der Entertainer: „Das waren ja sehr nette junge Leute, aber hernach musste ich erst einmal an die frische Luft.“

Eigene Erlebnisse und Erfahrungen

Gefördert auf der Jungfrau-Ebene: Schreiben
Bereits als 4-Jähriger habe ich – mit meiner Sonne im Zeichen Jungfrau – Comics gezeichnet und die Oma setzte dann den Text dazu ein. Auch habe ich mich sehr auf die Schule gefreut und die Kommunikation über die Schrift hat mich früh begeistert. Von Großeltern und Eltern wurde ich hier stets gefördert, sodass es auch kein Wunder war, dass ich später in der Zeitungsbranche landete und seit 1977 selbst Bücher verfasse, Artikel schreibe, unterrichte, berate, Journale kreiere und herausgebe.

Ein Arbeitskollege
hatte nicht nur die Sonne, sondern vier weitere Planeten in der Jungfrau, im Zeichen der Reinheit. Er war ein Albino, hatte extrem weiße Haut und musste aufgrund eines Augenleidens stets eine dunkle Sonnenbrille tragen.

Als ich einmal zu Besuch in seiner Wohnung war, traf mich fast der Schlag:

Vor den weißen Wänden standen in der spärlich möblierten Wohnung ein weißer Tisch, weiße Stühle, eine weiße Polstergruppe, weiße Regale usw.

Alles sah so aus, wie er es von seinen Eltern gewohnt war: Reinlichkeit und Klarheit bis zum Gehtnichtmehr. „Dash wäscht so weiß, weißer geht nicht.“ Jungfrau pur.

Horoskop mit indirektem Jungfrau/Chiron-Thema

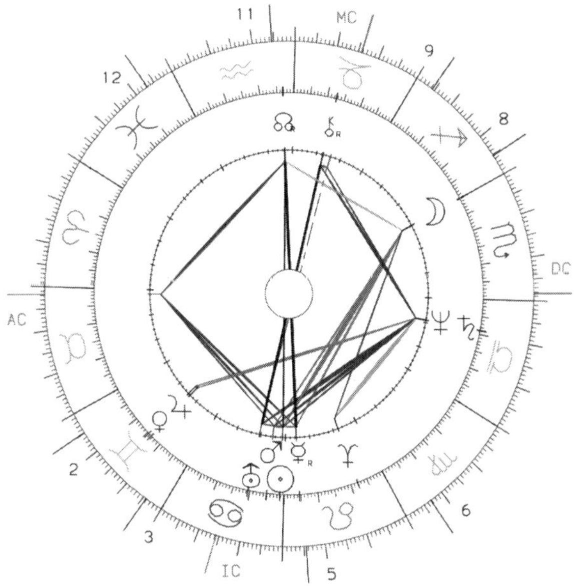

Die Sonne steht im Zeichen Krebs, der Regent der Jungfrau aber, Chiron, am höchsten Punkt, dem Medium Coeli (MC) und in vielen Aspekten dazu: eine Jungfrau-Dominanz, die, ob nun Zwillinge, Krebs oder Wassermann usw., in vielen Horoskopen vorhanden sein kann.

Das Waage- und Venus-Prinzip: Das Schöne vom Hässlichen unterscheiden lernen

24. September bis 23. Oktober

Sich verbinden, teilen, beteiligen, teilhaben, vermitteln, Gemeinsamkeit pflegen, Austausch, Harmonie, Frieden, Ausschmückung, Ästhetik, Schönheit, Synthese. Die Fähigkeit, sich in andere hineinzuversetzen.

Ego tu sum, tu es ego, unius animi sumus:

Ich bin du, du bist ich, wir sind eine Seele.

Möglicher Lieblingsspruch: "Kleider machen Leute."

Horoskop mit starkem Waage/Venus-Thema

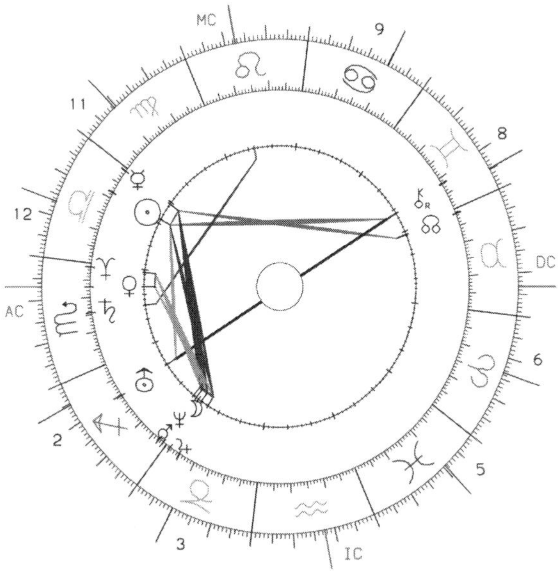

Hier befindet sich neben der Sonne im Luftzeichen Waage auch ihr Regent, die Venus, markant im Horoskop: direkt am Aszendenten (AC). Eine Konstellation, die jeder im Horoskop haben kann: ob nun Zwillinge, Krebs oder Jungfrau usw.

Beim Waage/Venus-Prinzip geht es um die Einstellung zur Schönheit und zu den Reizen. Zur Optik. Auf der Entwicklungsstufe Waage-Venus beginnt sich das Kind auszuschmücken.

Es wird sich seiner äußeren Reize bewusst, sucht Komplimente und lehnt, weil es nach seinem Empfinden nicht schön genug ist, dieses oder jenes Kleidungsstück ab. Auch das Interesse für das andere Geschlecht wird geweckt.

Es nimmt wahr, dass es auf die Gemeinschaft angewiesen ist und ein Zusammenwirken besser ist als der Alleingang. So wird aus dem Ich eine Ich-Du-Verbindung.

Gemeinsamkeiten werden wahrgenommen, Unterschiede als Bedrohung oder reizvoller Kontrast empfunden. Zudem beginnt das Kind zu malen, sich *zu schmücken* und erste Freundschaften zu knüpfen: „Melinda ist meine beste Freundin."

Und mit dem Blick in den Spiegel fragt es sich: „Bin ich schön oder hässlich?"

Die Bonbons werden geteilt – oder nicht, und beim Gang zur Schule geht man zu zweit oder in einer Gruppe. Beim Streit wird geschlichtet.

Was wird hier von Eltern und Erziehern gefördert, unterdrückt, abgelehnt oder gar bekämpft? Kommt ein Okay? Oder ein Gebot oder Verbot?

Ist das Kind involviert in einem Konflikt zwischen Mutter und Vater, so beeinflusst dieser die Einstellung zur Gemeinschaft, und als Reaktion auf diese Erlebnisse kann eine regelrechte Sucht nach Harmonie entstehen. Möglich ist, dass es dann immer wieder Kämpfe und Reibereien in der Schule und seinem kleinen privaten Umfeld erlebt, Spannungssituationen regelrecht anzieht. Dieses als

Resultat einer unbewussten Einstellung: „Das ist normal.“ Infrage kommt auch, dass das Kind im Streben nach Harmonie Opfer von durchsetzungsfähigeren Mitschülern wird.

Wird das an Ausschmückung interessierte Kind in seinem individuellen Geschmacksempfinden von den Eltern kritisiert, entsteht ein Konflikt. Soll ich meinem Ideal nach leben? Oder, um die Zuneigung meiner Eltern nicht zu verlieren, mich ihren Maßstäben anpassen? – Ein Kampf zwischen Natürlichkeit und Künstlichkeit beginnt.

Ein Mädchen, das im Alter von sechs Jahren Wangenrouge und Lippenstift ausprobierte, hatte eine Mutter, die im Heilsarmee-Team ein gutes Bild abgäbe. Diese kleidete sich nüchtern in Schwarz oder Grau – so unerotisch wie nur möglich –, tadelte das Kind mit Worten: „Das machen nur Clowns oder leichte Mädchen.“

Mit unauffälliger Kleidung bestückt, bekommt die Kleine nun aus den Kreisen der Eltern das gewünschte Feedback: „Wie anständig diese doch gegenüber vielen anderen gekleidet ist. – So sittlich!“ Einziger Trost ist dann, dass es auch mal Hochzeiten, Geburtstagsfeiern, Weihnachten, Feiertage und Taufen gibt, wo man sich dann anschaulich schön präsentieren und ein wenig ausleben kann, was sonst verboten wurde …

Folge ist, dass das Kind, im Streben weiterhin geliebt und akzeptiert zu werden, im Alltag den natürlichen Drang nach Schönheit und optischer Wirkung verleugnen muss.

Bleibt es im späteren Alter angepasst und rebelliert es nicht, wird es auch dann Grau in Grau tragen und womöglich einmal mehr leiden, wenn der Partner wieder einer farbenfroh gekleideten Südländerin nachschaut.

Pränatale Prägungen

Der amerikanische Ehetherapeut Harville Hendrix teilt die Partnerschaft in “unbewusste” und „bewusste” Ehe auf. Das

Partnerbild wird bereits durch pränatal bedingte Erfahrungen früh mitgeprägt, und in Anlehnung an unsere Kindheitserlebnisse suchen wir unbewusst den Partner aus, der ein ganz spezielles Muster von positiven und negativen Erfahrungen aufweist. Die Konsequenz ist, dass wir so unweigerlich mit Wunden konfrontiert werden, die zwar in einer früheren Inkarnation verursacht worden sind, nun aber von unseren Eltern stammen.

Dazu die Geschichte einer Kursteilnehmerin. Als Marie (Name geändert) im April 1992 zu mir in die Praxis kam, wollte sie erfahren, warum sie bis dahin immer wieder Männer anzog, die sie verlassen haben. Zur Frage ihrer Erziehung teilte sie Folgendes mit: *„Als meine Mutter mit mir schwanger war, entzog sich mein Vater, ein Ausländer, seiner Verantwortung und ging zurück in seine ferne Heimat. Doch er kam zurück, nachdem die Familie beschlossen hatte, dass dafür ein weiteres Kind gezeugt wird."*

Diese Prägung hat bei Marie bis zu ihrem 26. Lebensjahr dazu geführt, dass sie bereits drei Mal erleben musste, dass Partnerschaft Folgendes bedeutet:

- Isolation und Distanz
- Machtlosigkeit
- Konflikte
- Vertrauenskrisen
- Mangel an Nähe und Geborgenheit
- Getrennt werden: abrupt usw.

Einmal mehr hat sich hier gezeigt, dass das, was man früh erlebt hat, zum Programm geworden ist und sich so eine spezifische Anziehung (Affinität) ergibt, was wiederum zu einer Rückbestätigung (der destruktiven Codierung) führt, so wie bei Marie: „Es ist ja normal, dass der Mann seine Frau verlässt." Und so ist die Horoskopeignerin in Harmonie zu ihrem Programm gekommen, was im eigentlichen Sinne keine Harmonie ist, so wie wir sie verstehen.

Karmische Gesetze funktionieren anders. Können wir dem Horoskopeigner bewusstmachen, dass diese funktionierenden Mechanismen nichts anderes sind als Teile eines destruktiven Lebensprogramms, das auch dann, wenn es bis dahin präzise, exakt und zuverlässig abgelaufen ist, nicht für alle Ewigkeit gelten muss.

Alles, auf Erden und im Kosmos, ist dynamisch. Damit ist klar, dass auch das, was im Horoskop steht, nicht statisch, sondern veränderbar ist.

Defizitäre Auswirkungen einer ungünstigen Erziehung

Im Defizit wagt sich der Einzelne nicht, sich und seine Umgebung schön zu gestalten, kleidet sich schlecht und verbirgt seine Attraktivität. Damit wird er nach dem Gesetz des Ausgleichs magnetisch immer wieder Menschen anziehen, die schöner, attraktiver und begehrter sind.

In den Beziehungen wird „des lieben Friedens willen" nachgegeben, wodurch er oder sie ständig zu kurz kommt. Passend dazu sind auch: ein Leben, in dem Mangel und Armut vorherrschen. Wohnen in hässlicher Umgebung: Slums, Industriequartiere, nahe einer Eisenbahnlinie oder an belebten Straßen usw.

Destruktive Auswirkungen einer ungünstigen Erziehung

Identifiziert sich der Betreffende mit der Rolle der Erzieher, maßregelt er alle, die sich „unschicklich" aufführen. Eine andere Möglichkeit: Er rebelliert und holt vielleicht seine in der Pubertät verdrängten Bedürfnisse nach, ist ständig bei Vernissagen,

Events und auf Einladungen zu sehen und gibt sein ganzes Geld für Mode und Ausstattungen aus, lebt an der Oberfläche und im Seichten. Botox, aufgespritzte Lippen und alle möglichen Schönheitsoperationen begleiten sein Leben.

Konstruktive Auswirkungen einer guten Erziehung

Das Venus/Waage-Talent ist ausgebildet, wenn der Einzelne sich seiner individuellen Attraktivität bewusst ist und diese ausdrückt. Dank seines guten Geschmacks erhält er immer wieder positive Rückmeldungen. Die entwickelte Anlage bedeutet, dass der Betreffende in der Lage ist, sich in andere hineinzufühlen und Empathie zu zeigen. Er hat die Fähigkeit erlangt, zu vermitteln und auszugleichen.

Bei Beteiligungen in Clubs und Vereinen hat er Erfolg, ist beliebt und in der Gesellschaft geschätzt. In der Gemeinschaft mit anderen hat er seinen Frieden gefunden.

Psychosomatische Auswirkungen bei einer unentwickelten Anlage

Nierenleiden, Hautprobleme, Blasenentzündungen.

Auf dieser Ebene können Probleme entstehen

Mangel an Geschmack, übertriebener Sinn für Harmonie oder indem friedvolle Stimmungen gestört werden. Unsicherheiten bestehen im schöpferisch-gestalterischen Bereich.

So können Probleme gelöst werden

Durch Herstellung des Gleichgewichts. Indem das rechte Maß gefunden wird und das Sinnliche froh zum Ausdruck gebracht wird. In der Arbeit mit Farben und Formen.

Ein Entwicklung förderndes homöopathisches Mittel ist u.a.

Cuprum hahnemani.

Waage-Venus pur – das Klischee

Folgender Text ist wie für Waage/Venus-geprägte Kinder (und deren Eltern) gemacht:

Eine Werbung im Juni 2009 lautete in etwa:
Für künftige Schönheitsköniginnen gehört das umfangreiche Zubehör mit Haargummis und Haarklämmerchen, Bürste und Kamm dazu. Da können sich die kleinen Schönheiten zur Schönsten zaubern, und zur perfekten Schönheitskönigin gehören ja noch Schminke und Parfumflakons.

Beispiele aus der Praxis

Verheerende Auswirkungen einer verbotenen Sinnlichkeit
Eine Teilnehmerin aus der Astro-Ausbildung zeichnete sich durch ihre voluminöse „Tina-Turner-Frisur“ aus. Auf unsere Bewunderung entgegnete sie: „Ich trage eine Perücke.“

Sie teilte dann mit, dass sie im Alter von zwölf Jahren, als sie vom Kind zu einem jungen hübschen Mädchen heranwuchs, einen kreisrunden Haarausfall bekam, in einer Zeit, als ihre Wölbungen unter dem Pullover den Jungs nicht mehr verborgen blieben und sie von diesen hofiert wurde. Doch ihre Eltern begegneten dem mit Missgunst, straften sie mit bösen Blicken und gängelten sie mit den Worten, dass sie sich nicht so aufreizend geben sollte. Sie befand sich nun in einem Konflikt: Wie sollte sie in ihrer neuen Rolle als Kindfrau ihren Eltern genügen und zugleich der Natur keinen Einhalt gebieten? Ihr Unterbewusstsein fand keine andere Lösung, als ihr das zu nehmen, was ein schönes Mädchen auszeichnet: die Haare.

Eigene Erlebnisse und Erfahrungen

Schönheit und Charme

Eine Freundin meiner jüngsten Tochter hat die Sonne in der Waage. Passend zu ihrem schönen Antlitz ist ihre Rubens-Figur, die wie bei nicht wenigen Waage-Geborenen von ihrer Neigung zu gutem Essen und Trinken stammt.

Eine Waage-Sonne mit Löwe-Aszendent ist eine Top-Konstellation für das Gesellschaftsleben. Bei ihr ist es so, dass sich alle, sobald sie ein Zimmer betritt, nach ihr umdrehen. Kein Wunder, dass ihr, wo sie hinkommt, freier Eintritt angeboten wird. In der Disco wird sie von den jungen Männern hofiert und wird immer wieder zu Drinks eingeladen. Als sie einmal mit ihrem Auto und etwas zu viel Promille in eine Polizeikontrolle kam, war der Hüter des Gesetzes von ihrem Charme so angetan, dass er auf die sonst übliche Anzeige verzichtete.

Der Weg des geringsten Widerstandes

Angeregt durch meinen Vater begann ich früh, d.h. schon als 6-Jähriger, meine Mitschülerinnen und Mitschüler in der Schule zu analysieren. Ich nahm wahr, dass Schütze „Eiki“ und Widder

Gerd-Otto sportlich recht begabt waren und dazu einen Hang zum Streiche aushecken hatten. Nicht so ein anderer Schulkamerad mit der Sonne im Zeichen Waage. Er war sportlich unbegabt und hatte andere Qualitäten als die beiden bereits genannten Schulkameraden, konnte er doch – im Gegensatz zu diesen – sehr gut zeichnen. Aber wenn man ihn nur ein wenig unter Druck setzte, gab er des lieben Friedens willen stets klein bei oder änderte seine Meinung …

Horoskop mit indirektem Waage/Venus-Thema

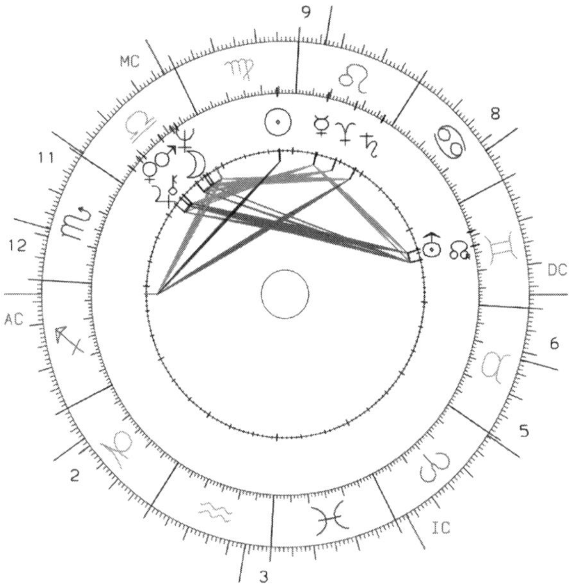

Zwar befindet sich die Sonne, das sogenannte Tierkreiszeichen in der Jungfrau, doch im Venus-Zeichen Waage befinden sich inklusive dem Medium Coeli (MC) ganze sieben Prinzipien! Ein klassisches Venus-Horoskop.

Das Skorpion- und Pluto-Prinzip: der Umgang mit Tabu, Macht und Einfluss

24. Oktober bis 22. November

Intime Nischen, Geheimnisse und Verstecke haben, Umgang mit Macht üben, von Tabus erfahren, Grenzerfahrungen machen. Erfassen, dass es neben dem Leben auch den Tod gibt. Magische Orte entdecken und sie aufsuchen.

Nec aspera terrent: Auch Widerwärtigkeiten schrecken nicht.

Möglicher Lieblingsspruch: „Was mich nicht umbringt, macht mich stark!"

Horoskop mit starkem Skorpion/Pluto-Thema

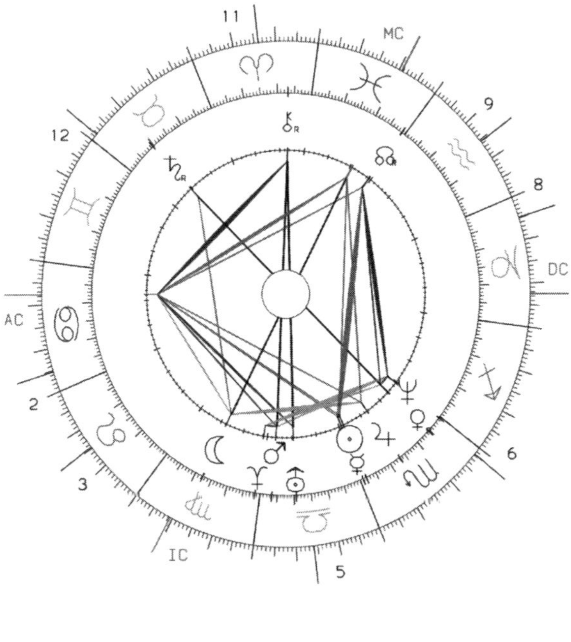

Hier befindet sich die Sonne, das sogenannte Tierkreiszeichen, im Wasserzeichen Skorpion, dazu in diesem noch vier weitere Planeten. In der Fachsprache: ein Stellarium, das auf einen starken Pluto-Skorpion-Einfluss hinweist. Und: Auch wenn Pluto von Astronomen degradiert wurde, indem sie ihm nach mehr als 80 Jahren den Status als Planeten aberkannt haben, so hat das keinen Einfluss auf die astrologische Deutung.

Auf der Ebene Skorpion-Pluto spielt das Kind „Verstecken“ und sucht Orte auf, an denen es seine kleinen Geheimnisse verbergen kann. Es entdeckt, wie und wo es Sachen besser für sich ganz allein macht und lieber etwas verbirgt. Die Wahrnehmung des kleinen Unterschiedes: Ich bin ein Mädchen; ich bin ein Junge.

In seinem Umfeld beobachtet das Kind, dass es Dinge gibt, über die man nicht spricht, und dass die Eltern manch Geheimnisvolles tun. Wenn es versucht, seine intimen Nischen zu finden und man diese immer wieder aufdeckt, darüber lacht oder es gar dafür bestraft, kann sich das Skorpion-Pluto-Prinzip nicht konstruktiv entwickeln. Wenn es sich bloßgestellt fühlt und verunsichert wird, resultieren daraus je nach Charakter Aggressivität, Verschlossenheit bis hin zur Krankheit.

Im Umgang mit der Macht versucht es herauszufinden, wie weit diese reicht: bei den Eltern, Spielkameraden, mit dem Haustier, den Pflanzen und Spielzeugen. Vielleicht versucht es im schroffen Umgang mit Letzteren zu erproben, wie viel Gewalt diese aushalten und welche Reaktionen daraus resultieren.

Wenn es etwas zerbricht oder vernichtet, erlebt das Kind das Gefühl von Macht. Geht eine Pflanze ein, stirbt ein Haustier oder ein Mensch aus seinem Umfeld, wird ihm bewusst, dass es eine höhere Macht gibt, die darüber bestimmt, und dass alles ein Ende hat und es auf Erden keine Ewigkeit gibt. Eltern sei angeraten, ihren Kleinen Nischen und Schubladen zu geben, zu denen nur ihre Zöglinge Zugang haben – auch dann, wenn man dort eines Tages einen ausgetrockneten Frosch findet.

Machthaber werden seit jeher in unserer Welt verehrt und hoch geachtet: Filmstars, Milliardäre von Onassis bis Bill Gates, Barack Obama oder Könige.

Bill Gates hat seine Sonne im Zeichen Skorpion. Die aus den Königshäusern kommenden Carl Gustav von Schweden und Prinz Charles haben den Skorpion-Planeten Pluto im Quadrat zur Sonne. Eine Konstellation, die besagt: „In einer früheren Inkarnation konntest du nicht recht mit der Macht umgehen. Mach' es nun besser!"

Pränatale Prägungen

Eine Seminarteilnehmerin, deren Horoskop ein markantes Skorpion/Pluto-Thema aufweist, berichtete:

„Als meine Mutter spürte, dass sie schwanger war, ging sie zum Arzt. Dieser aber schickte sie nach Hause. Sie sei nicht schwanger. Auch ein zweiter Arzt bestätigte die Diagnose seines Kollegen. Hartnäckig wie sie war, ging meine Mutter zum dritten Arzt, der ihr recht gab. Doch gleichzeitig teilte er ihr mit, dass sie das Kind auf keinen Fall behalten könne, denn ein Myom wachse in der Gebärmutter mit. Daher sei eine Missgeburt zu erwarten und eine Abtreibung sei vonnöten. Das löste aber bei meiner Mutter eine Kampfstimmung aus: ‚Ich will das Kind – um jeden Preis!'. Und sie betete ‚Tag und Nacht' bis zur Geburt. Als ich zur Welt kam, stellte sich heraus, dass das Myom zwar den Arm an den Körper drückte, der einzige Schaden war aber ein verkrüppelter kleiner Finger." (Man muss sich fragen, was wohl heutzutage, wo man daran ist, pränatal diagnostizierte Frühschäden zu operieren, geschehen wäre?) In ihrem Horoskop sah man den frühen Kampf ums Überleben.

Ein junger Mann, Teilnehmer in meiner Astrologiegruppe, kam mit dem Leben nicht zurecht. Seine Alkohol- und Drogenprobleme führten ihn immer wieder an Grenzen. Seine Mutter war eine

Prostituierte, der Vater unbekannt. Sie versuchte eine Abtreibung, doch ihre Versuche schlugen fehl. Mit nicht einmal 40 Jahren „holte er dies nach“ und nahm sich das Leben.

Auch ein anderer, der die Abtreibungsversuche überlebte, hatte immer wieder schwere Unfälle. Einer führte zum Schädelbasisbruch (beim Schlittenfahren gegen einen Baum), später stürzte er mit dem Motorrad und stand am Rande des Todes. Als er zu mir kam, erklärte ich ihm zunächst die Ursache anhand seines Horoskopes. Dank einem Netzwerk von Menschen aus Spiritualität, Medizin und Alternativmedizin konnte ich ihn an einen Homöopathen vermitteln, der ihm eine Hochpotenz Schlangengift gab. So wurde er „auf einer höheren Ebene umgebracht“. Gemeint ist der Gedanke daran. Jahre später stellte man fest: Er hatte keine Unfälle mehr. Heute scheint er kuriert.

Ein weiterer Fall: Hier wurde ein junger Mann in eine Familie geboren, die im Besitz einer Tageszeitung war und daher gesellschaftlich sehr einflussreich war. Sowohl vorgeburtlich wie danach erlebte er, dass es ganz normal war, über andere Menschen zu bestimmen. Bis heute hat er keine Probleme, sein Leben so zu gestalten, wie er es sich vorstellt.

Defizitäre Auswirkungen einer ungünstigen Erziehung

Kommt es zur Verweigerung, sich mit dem Thema Macht zu befassen, wird die Konstellation nach außen projiziert und der Betreffende zieht Menschen an, die ihn in seinen intimen Grenzen verletzen, ihn manipulieren, unterdrücken, ausbeuten und bloßstellen. Typisch dafür sind Mobbing und sexueller Missbrauch. So fühlt sich der Horoskopeigner dem Schicksal ausgeliefert und sagt oft: „Es geht nicht.“ Defizitär ist auch das Delegieren eigener Einflussmöglichkeiten auf negative Gurus.

Destruktive Auswirkungen einer ungünstigen Erziehung

Eine ungünstige Erziehung kann den Horoskopeigner veranlassen, sich mit dem Negativen zu identifizieren und z.B. andere nach Strich und Faden zu unterdrücken. Skrupellos zieht er alle Register, um seine Rolle als Machthaber zu demonstrieren. So wie der syrische Präsident Baschar al-Assad (*11.9.1965), welcher die Sonne in fast gradgenauer Konjunktion zu Pluto hat.

Partner, die bei einer Trennung mit Mord oder Selbstmord drohen, surfen auf dem negativen Skorpion/Pluto-Level, was auch jene Banker tun, welche die Guthaben ihrer Kunden aufs Spiel setzen, und all jene, die aus Profitgier den Regenwald abholzen oder Kreaturen töten, um deren Pelze zu verhökern. Schaden wird mittels Überschreitung intimer Grenzen angerichtet, so wie z.B. in extremster Weise der im Jahre 2008 verhaftete Josef Fritzl (*9.4.1935), der seine Tochter rund 24 Jahre lang in einer unterirdischen Wohnung gefangen hielt, sie während dieser Zeit vielfach vergewaltigte und mit ihr insgesamt sieben Kinder zeugte. In seinem Grundhoroskop befindet sich sein Pluto im Quadrat zur Sonne, in Opposition zum Punkt für Blutsverbindungen, dem Mondknoten.

Konstruktive Auswirkungen einer guten Erziehung

Der Unbestechliche! Ein Mensch, der sich nicht scheut, auf ungute Tabu-Themen einzugehen. Der konstruktive Skorpion/Pluto-Typ hat realisiert, dass Macht haben nichts Schlechtes ist und die Ablehnung von Macht nur dazu führt, dass er negative Machthaber anzieht (die ihn so ausgleichen). Er übernimmt Verantwortung für sein Leben und ist in der Lage, es weitgehend wunschgemäß zu gestalten. Stößt er an Grenzen, so hat er ein gut funktionierendes Umfeld (weitere positive „Machthaber“), das ihm in Grenzsituationen zur Seite steht. (Institutionen wie Amnesty International z.B.)

Dank innerer Stärke ist er in der Lage, anderen zu helfen und sie zu unterstützen. Jenen gegenüber, die Macht missbrauchen, kann er sich gut abgrenzen und sie in die Schranken weisen. Er interessiert sich für Verborgenes. Er setzt seine starken Energien zum eigenen Wohle und dem seiner Mitmenschen ein.

Psychosomatische Auswirkungen bei einer unentwickelten Anlage

Selbstmordgedanken, Mord, Totschlag, Krebs, Aids, Krankheiten im Bereich der Geschlechtsorgane oder an den Haarwurzeln (Haare werden dem Pluto/Venus-Prinzip zugeordnet).

Auf dieser Ebene können Probleme entstehen

Durch Missbrauch von Macht und Sexualität. Indem intime Grenzen überschritten werden.

So können Probleme gelöst werden

Mit der positiven Skorpion/Pluto-Energie, d.h. dank unerschrockenem Einsatz aller guten Mittel. Indem man das loslässt, was es loszulassen gilt. Probleme werden gelöst, indem ungewöhnliche Wege eingeschlagen werden, z.B. über Rückführungen in andere Leben (Bewusstwerdungsprozesse), mit tief greifenden Heilmitteln (z.B. Schlangengift auf homöopathischer Basis) oder dank positiver Gurus und charakterfester Menschen, die sich in mächtiger Position befinden. Ein Talent ist ausgebildet, wenn der Horoskopeigner mit der Macht des Unterbewusstseins erfolgreich arbeitet und seine Einflussgrenzen sowie die höheren Gesetzmäßigkeiten kennt und respektiert.

Ein Entwicklung förderndes homöopathisches Mittel ist u.a.

Belladonna (sowie spezielle Schlangengifte und Pilze).

Skorpion-Pluto pur – das Klischee

Ende Juni 2009: Der Tod des Popstars Michael Jackson schockiert Fans und Glimmerwelt.
Kinder, Jugendliche und Erwachsene trauerten in diesen Tagen um den Popstar Michael Jackson, der drei Kinder hinterlässt. Ihnen ist einmal mehr bewusst geworden, dass es nicht nur ein Leben, sondern auch den Tod gibt.

Beispiele aus der Praxis

Kompletter Haarausfall aufgrund von Ohnmachtserlebnissen
Im Abschnitt „Waage“ wird von einer Frau erzählt, die unter kreisrundem Haarausfall litt. Die Geschichte ging noch weiter.

Der Kursteilnehmerin fielen später noch die letzten Haare aus. Es passierte in der Zeit, in der ein Lehrer sie immer wieder „wie zufällig“ an ihrer Brust berührte. Obwohl die Haarwurzeln der damals 30-Jährigen immer noch intakt waren, wuchsen keine Haare mehr nach.

Gegen Gesetze der Natur verstoßen: der Tod im Mittelmeer
Ein sehr erfolgreicher Berner Unternehmer befand sich mit seinen Freunden auf dem Rückweg von einem Tauchgang im Mittelmeer. Während sich seine Freunde mit ihren schweren Sauerstoffflaschen ins Boot begaben, wollte er partout mit diesen auf den Schultern zum Ufer schwimmen. Doch das Gewicht machte ihm mehr und mehr zu schaffen, seine Kräfte schwanden und er ertrank. (Dies geschah, als der laufende Mars – in der Fachsprache: der transitierende – im Spannungswinkel zu seinem Pluto stand.)

„Ich gehe jetzt auf eine lange Reise."
Als der 4-jährige Sohn einer Seminarteilnehmerin vor die Tür ging, um mit seinem Dreirad zu fahren, sagte er: „Mami, jetzt gehe ich auf eine lange Reise." Ein Lkw-Fahrer sah im Zurücksetzen den Kleinen nicht und verletzte ihn tödlich. Seine Seele hat die Reise angetreten. Todes-Vorahnungen – oder besser noch „Vorwissen"?

Eigene Erlebnisse und Erfahrungen

Meine Tochter wollte mir von einem früheren Leben erzählen.
Meine Tochter Nicole, mit der Sonne im Zeichen Skorpion, wollte mir, kaum dass sie reden konnte, erzählen, wo sie früher einmal gelebt habe. Damals, 1974, hatte ich mich kaum mit der Reinkarnationslehre befasst und war darüber sehr erschrocken. Zu meinem heutigen Bedauern winkte ich ab und wollte es nicht wissen. Später erinnerte sie sich nicht mehr daran.

Meine zweite Tochter, Aszendent und Mond im Skorpion, plauderte munter drauf los: „Ich habe eine Schule. Unten rechts beim Tisch ist das Kässeli." (Berndeutsch – auf Deutsch: die Kasse). Sie habe ein rotes Auto und einen Hund, der Xena heißt: „Mit ihm gehe ich immer zu den Krokodilen." Sie sei böse, weil ihr Freund sie nicht heiraten wolle, und zudem hätte sie lieber wieder braune Haut und Augen und schwarze Chruselhaare (lockige Haare). Später noch: „Dann stehe ich unter der Dusche und Männer mit Pistolen kommen herein. Dann weiß ich nicht mehr weiter."

Als ich auch von meinem dritten Töchterchen, die ihre Sonne im 8. Haus hat, mehr darüber wissen wollte, antwortete sie energisch, kurz und knapp: „Ich sag's nicht!"

Und meine Enkelin Amaliah, Jahrgang 2003, plapperte: „Als ich im Flugzeug war, hat es „pumm gemacht". Danach habe ich noch etwas gegessen (?) und dann war ich im Bauch der Mami …"

Dank der Astrologie wird, wenn nicht das Leben, so zumindest die Gesundheit gerettet.

Tage um Tage vergingen: Der berechnete Zeitpunkt für die Geburt meiner Tochter Désirée war längst überschritten.

Nachdem ich sah, dass es mehr und mehr auf eine schwierige Konstellation zuging, sagte ich zu meiner Frau: „Es ist besser, wenn wir bald die Geburt einleiten lassen. Ich möchte nicht, dass sie unter einer Venus/Saturn-Problematik zur Welt kommt, denn das deutet auf Verzichte und Defizite hin und damit hätte sie es schwer im Leben. Umgehend beauftragte sie ihren Arzt und innerhalb kürzester Zeit kam die Kleine zur Welt.

„Es sei allerhöchste Zeit gewesen!", sagte die Hebamme und zeigte uns den Mutterkuchen. In diesem war keine Nahrung mehr und sie wäre im Mutterleib verhungert.

Statt Venus-Saturn, eine Konstellation, die u.a. Probleme mit der Nahrung bringen kann, befand sich zur Stunde der Geburt die liebliche Venus in einem harmonischen Aspekt zum Aszendenten. Es wurde ein ausgesprochen hübsches Mädchen.

Das Wissen des Vaters half, doch war mir sehr bewusst, dass ich nur ausführende Kraft einer höheren Macht war.

Mehr Demut vor solchen Dingen hätte ich früher dem Oberarzt eines Frauenspitals gewünscht. Dieser besuchte einen meiner

Vorträge und sagte stolz: „Diesen Monat habe ich schon über 20 Kinder zur Welt gebracht.“

Kampf ums Leben, da höhere Gesetzmäßigkeiten nicht beachtet wurden.
Ein wohlhabender Mann wünschte Privatunterricht und lud mich Anfang der 80er-Jahre ein, mit ihm eine Woche an der Algarve in Portugal zu verbringen. Am letzten Tag waren die Wellen endlich so hoch, wie ich es von der Nordsee her gewohnt war. Ich schwamm weit ins Meer hinaus und negierte dabei die Gesetzmäßigkeiten der Natur, gab es doch starke Strömungen. Doch je mehr ich mich bemühte, an den Strand zurückzukommen, desto weiter trug es mich hinaus.

Einem Impuls folgend hielt ich inne und bemühte mich erst einmal am Ort zu bleiben. Hernach wartete ich auf die kraftvollen hohen Wellen und streckte dabei nur meine Arme einfach nach vorne aus. So kam ich nach überraschend kurzer Zeit aus der Todesgefahr und konnte mich an Land retten.

Freude an Machtkämpfen
Ich spielte gerne Darts und gründete einen Club. Zu den besten Spielern gehörten Roland und Markus, welche die Sonne im Skorpion hatten. Sie hatten großes Talent. Zudem konnten sie mit ihrer überdurchschnittlichen Willenskraft und „Magie“ den Gegner schier fassungslos machen und schwächen. Sie gewannen fast alle ihre Spiele. Nur wenn sie gegeneinander spielten, war man nicht sicher, wer das längere Ende für sich in der Hand behielt.

(Vom berühmten Skorpion Charles de Gaulle weiß man, dass er sich nur von einem Mitarbeiter im Departement etwas sagen ließ: einem anderen Skorpion-Geborenen.)

Wettpinkeln
Rainer, Willi und ich sind bis heute beste Freunde. Als wir noch Kinder waren, hatten wir in Cuxhaven eine Pinkelecke. Das heißt,

wir hatten „unsere" Wand an dem Mehrfamilienhaus, wo wir urinierten. Das war damals nicht ungewöhnlich in einem Umfeld, in dem sich auf dem Hinterhof Schweineställe befanden, Kaninchen gehalten wurden und alle Hunde frei herumliefen. Wir waren oft zu dritt im Wettstreit, wer am höchsten pinkeln konnte, bis eines Tages eine Nachbarin zu unseren Eltern kam und sich beschwerte, dass wir mit den „Pitschermännern" spielten. (Im einfachen Sprachgebrauch Pimmel.) Ganz erstaunt waren wir, als wir von dieser Reklamation hörten. „Ja, das haben wir, na und?"

So wurden wir früh mit dem Tabu Sexualität konfrontiert. Dass wir regelmäßig gegen die Wand mit nun besonderer Duftnote pinkelten, störte die Nachbarin aber wohl nicht. (An uns ging das schadlos vorbei.)

Horoskop mit indirektem Skorpion/Pluto-Thema

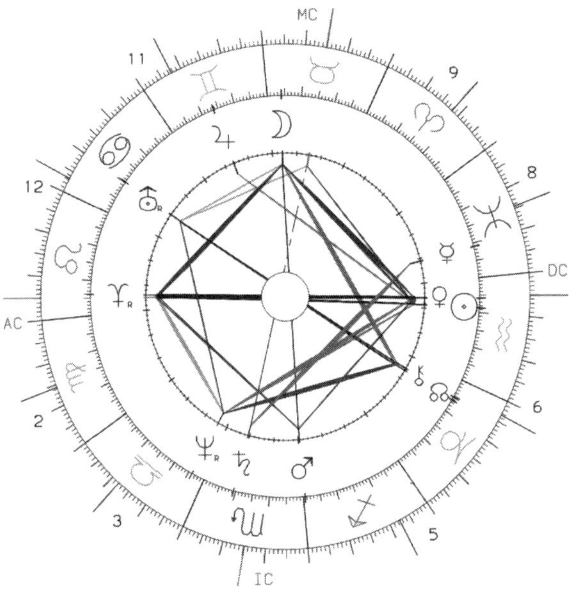

Hier befindet sich nicht die Sonne im Zeichen Skorpion, sondern der Regent Pluto exakt am Aszendenten, d.h. in Konjunktion. Auch das kann in jedem Horoskop stehen, ob als Wassermann, Fische, Steinbock oder in jedem anderen Zeichen geboren.

Das Schütze- und Jupiter-Prinzip: Was heißt glauben? Wem kann ich vertrauen?

23. November bis 21. Dezember

Selbstvertrauen haben und Vertrauen … in andere Menschen, in das Schicksal, in Gott. Expandieren und wachsen. Gerecht, ehrlich, ehrenhaft, großzügig, echt, frei und wahrhaftig sein. Verstehen und verzeihen können. Freude am Wettkampf und an Wettbewerben haben. An das Glück glauben. Die Sinnsuche.

Veni, vidi, vici: Ich kam, sah und siegte.

Möglicher Lieblingsspruch: „Sei selbst Deines Glückes Schmied."

Horoskop mit starkem Schütze/Jupiter-Thema

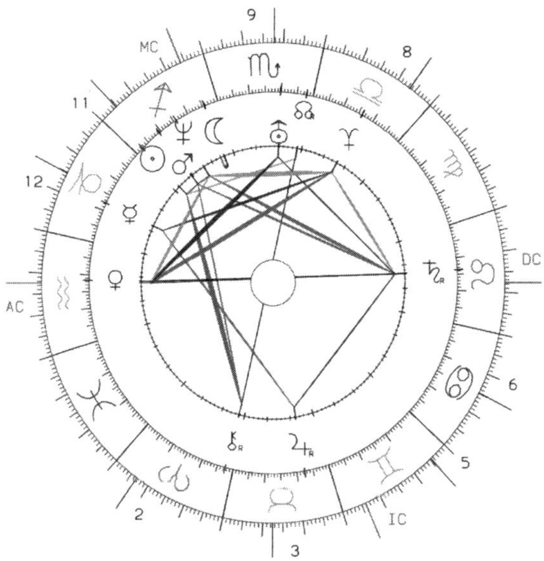

Hier befindet sich die Sonne, das sogenannte Tierkreiszeichen, im Feuerzeichen Schütze. Dazu noch der Mond, Neptun und Mars: eine starke Prägung. (Bei, wie hier, drei und mehr Prinzipen spricht man von einem Stellium.)

Schütze und Jupiter stehen in Analogie zu Reisen, Ausland, Weltanschauung, Glaube und Religion.

Auf der Entwicklungsstufe der Schütze-Jupiter-Anlage beginnt das Kind wahrzunehmen, ob das, was gesagt und vorgelebt wird, echt und ehrlich ist.

Es erfährt, ob sein Vertrauen gerechtfertigt ist, und nimmt wahr, welche Glaubensrichtungen in der Familie vorherrschen. Hat es schlechte Vorbilder, die ihre Versprechungen nicht einhalten, ihr Wort brechen, oft ungerecht und womöglich heuchlerisch sind, so tendiert auch das Kind dazu; oder es macht es besser.

Albert Einstein sagte: „Es gibt keine andere vernünftige Erziehung als Vorbild sein, wenn es nicht anders geht, ein abschreckendes."

Das Kind macht sich Gedanken: Wo liegt das Sinnhafte? Wem kann ich etwas anvertrauen? Darf ich auch mal mit mehr rechnen? Verwöhnt werden? Oder wird alles, was „unnötig viel ist", verboten?

Nun beginnt es, sich im Wettbewerb zu messen: Wer ist schneller, geschickter und ausdauernder?

Es erhofft vonseiten der Eltern und Erzieher Lob, wenn es einen Kampf gewonnen hat und als Sieger von der Bühne geht. Wird ihm dies verweigert, verliert es die Lust daran, zweifelt am Sinn: „Was bringt mir das? Nur Neider." Daher kommt es zu dem Schluss: „Es ist egal, ob ich gewinne oder verliere." Es will die Welt erobern und entdecken. Daher braucht es größere Freiräume. Und da es optimistisch und gutgläubig ist, kommt es über Schwierigkeiten schnell hinweg. Für das Kind ist es notwendig, dass es auch allein klettern und ohne Aufsicht Wettfahrten mit dem Fahrrad machen darf. Man muss ihm Vertrauen schenken, und es sollte Folgendes nur wenig hören: „Pass auf! Vorsicht!" Das ist notwendig für ein gesundes Leben, damit es sich später nicht selbst einschränkt und von Ängsten und Bedenken geplagt wird. Ein krasses Beispiel war Folgendes: Ein Vater setzte seinen Sohn auf eine Mauer, hielt ihm die Hände entgegen und forderte ihn auf zu springen. Nachdem er dieses tat, zog sein Vater die Arme zurück und der Kleine stürzte auf den Boden. Hernach hörte er: „Das soll dir eine Lehre sein. Vertraue niemals einem Menschen!"

So werden schlechte Erfahrungen durch Erziehungspersonen vermittelt. Klischees: Hier der Naive, der bei einer neugierigen Visite eines Spielcasinos erstmals im Leben überhaupt spielt und dann gerade den Jackpot leert. Dort der Rechthaberische, der bereits in dritter Instanz vor Gericht gegangen ist, um dort über Nichtigkeiten zu streiten.

Exkurs: Was bedeutet eigentlich Religion? Religion kommt von *re ligio*: Rückverbindung mit Gott. In den heiligen Schriften wird der theoretische Teil beschrieben. Jesus und sein Meister, Johannes der Täufer, vermittelten die Praxis und damit innere Erfahrungen, so wie diese in der heutigen Zeit von lebenden spirituellen Meistern vermittelt werden. Einer davon war St. Kirpal (+1974), der sagte: „Gott erschuf die Religion und der Mensch die Religionen."

Pränatale Prägungen

Jedes Wesen ist von Gott gewollt – nur Menschen versuchen das zu verhindern, was geboren werden will. Erlebnisse während des Menschwerdungsprozesses bestimmen unser Leben. Was wir pränatal erleben, wird zum Programm, und daraus geben sich Wiederholungszwänge. Lösungen ergeben sich erst, wenn wir diese infrage stellen. Die Deutung des Horoskops ist ein wichtiger erster Schritt, denn dadurch findet oft eine erste Auseinandersetzung mit den karmisch vorgegebenen Themen statt.

Nachfolgend der Fall einer jungen Frau, die fortwährend Männer anzog, die sie erniedrigten und verließen. Ihre bis dahin längste Beziehung hielt ganze fünf Monate. Als sie im Herbst 1991 zu mir kam, war sie schwanger und der Vater ein mittelloser Iraner. Zudem hatte sie nach Kündigung ihres Arbeitsverhältnisses eine schwere Zeit vor sich.

Das Thema Ihrer Vorgeschichte war, dass sie vom Vater abgelehnt und missachtet worden war. Ihre Psyche interpretierte demnach das Leben, dass „es normal ist, von Männern abgelehnt zu werden". Ihr Unterbewusstsein "meinte", dass dies einfach zum Leben gehört. Und so gesehen führte das Erleben von Trennungen zu einer Harmonie in ihrem Lebensprogramm, und das Anziehen von Destruktivem gehörte ganz einfach dazu. Wirkliche Harmonie kann die Horoskopeignerin nur erfahren, wenn a) das destruktive Programm grundsätzlich infrage gestellt wird und b) die Bereitschaft besteht, ernsthaft daran zu arbeiten. Nur so kann eine eigene gesunde Glaubens- und Sinnfindungsreform aufgebaut werden. Die großen Spannungskonstellationen in ihrem persönlichen Horoskop bestätigten die pränatal erlebten Sinnfindungskonflikte und weltanschaulichen Auseinandersetzungen. Im Horoskop steht die Aufgabe, sich mit der kreativen Dynamik der Quadrate (den sogenannten „schwierigen" Konstellationen) zu befassen. Die Arbeit an einem neuen Programm kann ihr keiner abnehmen. Wir Astrologen aber können Dinge bewusst machen, die sonst im Unterbewusstsein weitergeschlummert hätten. Die Wahrheit, welche für den Klienten gilt, steht im Horoskop. Sie ist von Fall zu Fall verschieden: Meist wurde sie anders als bis dahin gelebt und sie steht oft nicht mit der Wahrheit von Eltern und Erziehern im Einklang.

Defizitäre Auswirkungen einer ungünstigen Erziehung

Hier zieht der Betreffende immer wieder Menschen an, die ihn belügen und betrügen. Er entwickelt seine Spiritualität nicht, denn Pfarrer, Pastoren oder Weise „sind", so meint er, „ja sowieso nur Scheinheilige".

Tief in seinem Urvertrauen erschüttert, glaubt er an nichts und zementiert so seine Rolle als Miesepeter und Pessimist.

Destruktive Auswirkungen einer ungünstigen Erziehung

Hier identifiziert sich der Betreffende mit schlechten Vorbildern, verspricht schnell etwas, ohne seine Versprechen einzulösen, trinkt Wein und predigt Wasser.

Seine Ansprüche sind hoch und anmaßend. Findet er Nischen, so eignet er sich Fremdes an: Wissen, Geld, Partner. Als Glücksspieler geht er den Weg des Betrugs und instinktsicher nimmt er wahr, wo er andere übervorteilen kann.

Lüge und Falschheit begleiten seinen Weg. Und Recht ... hat er ja immer!

Konstruktive Auswirkungen einer guten Erziehung

Der Horoskopeigner ist der Kam-sah-und-siegte-Typ: „Veni, vidi, vici!" Wo er hingeht, öffnen sich ihm Tür und Tore, seine offene Art wird geschätzt und seine edle Gesinnung zum Vorbild genommen. Oft ist er gerade zur rechten Zeit am rechten Ort und als Vertrauensperson wird er geschätzt und geachtet. Für seine weiten und häufigen Reisen sowie expansiven Unternehmungen hat er stets größere Mittel zur Verfügung.

Psychosomatische Auswirkungen bei einer unentwickelten Anlage

Leberbeschwerden, Asthma, Lungenleiden, Oberschenkelzerrungen, Fettleibigkeit, Sportverletzungen.

Interessant ist übrigens, dass das Wort Rezept vom lateinischen *recipe* abgeleitet ist, was ursprünglich mit dem Anruf des Jupiters zu tun hat: „Nimm und werde gesund!"

Auf dieser Ebene können Probleme entstehen

Durch Vertrauensverletzungen, Anmaßungen und Übertreibungen. Durch falsche Versprechen, Hochstapeleien, Unehrlichkeiten und Rechtsbrüche.

So können Probleme gelöst werden

Mit der positiven Schütze/Jupiter-Energie! D.h. dank ehrlichem und gradlinigem Vorgehen. Der Esoteriker Detlefsen mit der Sonne im Zeichen Schütze sagt *(wenn uns etwas passiert)*: „Warum gerade das? Warum gerade jetzt? Warum gerade mir?"

Ein Talent ist ausgebildet, wenn der Horoskopeigner dank seines guten Glaubens „Berge versetzen kann".

Ein Entwicklung förderndes homöopathisches Mittel ist z.B.

Zinn.

Schütze-Jupiter pur – das Klischee

Claus Jakobi in der BILD-Zeitung, November 2004, über Recht und Unrecht

„In Charlotte, im US-Staat North Carolina, kaufte ein Rechtsanwalt eine Kiste mit 24 teuren Zigarren. Er versicherte sie unter anderem gegen Feuer. Nachdem er die Zigarren geraucht hatte, forderte er die Versicherung auf, den Feuerschaden zu ersetzen, was diese aber ablehnte. Daraufhin ging er vor Gericht. Das Urteil: Gemäß der Police seien die Zigarren gegen jede Art von Feuer versichert gewesen. Die Versicherung akzeptierte das Urteil und zahlte dem Rechtsanwalt 15.000 $. Die Pointe der Geschichte, die den ersten Platz im Criminal Lawyer Award Contest gewann: Nachdem der Rechtsanwalt den Scheck der Versicherung eingelöst hatte, wurde er auf Antrag der Versicherung wegen Brandstiftung in 24 Fällen verhaftet. Das Urteil: wegen vorsätzlichen in Brandsetzens versicherten Eigentums wurde eine Geldstrafe von 24.000 $ Geldstrafe verhängt sowie zwei Jahre Gefängnis – ohne Bewährung!“

Beispiele aus der Praxis

Kein Glück im Leben

Ein junger Mann hörte oft den Satz seiner Eltern: „Glück haben immer nur die anderen.“ Kein Wunder, dass er bei Bewerbungen immer leer ausgeht. Und auch in sportlichen Wettbewerben hatte hat er immer wieder Pech. Stürze kurz vor dem Ziel oder Fehlstarts bestätigen ihn regelmäßig darin, dass seine Eltern Recht hatten.

Vertrauensmissbrauch

Eine Frau lebte mit einem untreuen Mann zusammen, so wie ihre Mutter, die von ihrem Partner betrogen worden war. So zeigte ihr das Leben auf, dass man sich auf die Männer nicht verlassen kann.

Als sie gefragt wurde, warum sie sich nicht trenne, antwortete sie, dass dies für sie nicht infrage käme, hoffe sie doch, dass er sich eines Tages ändern würde. Tief im Inneren akzeptierte sie diese Situation. Die Geschichte ihrer Eltern war ihr wohlbekannt und das war immerhin etwas, auf das man sich verlassen konnte.

Das gute Beispiel betreffend Achtung und Ehre
Jemand, der in eine Familie hineingeboren worden war, in der Ehre, Respekt, Achtung und Wahrheit wichtige Säulen waren, blieb in seinem Leben der Echtheit und Ehrlichkeit auch dann treu, wenn ihn andere hinters Licht führten. Später wurde er zu einem angesehenen Journalisten. Freunde sagten: „Mal einer, dem es nicht um Sensationen geht, sondern um Redlichkeit." Er kam durch diese Haltung zu großer Anerkennung, zu Ruhm und zu Ehre.

Schütze „hat immer recht"
Beim Schützen geht es immer um Recht und Unrecht. Mit einem guten Freund, dem Naturarzt Richard, doppelter Schütze (d.h. er hat die Sonne und den Aszendenten im Schützen), habe ich oft interessante Diskussionen. Wir philosophieren viel und führen Gespräche über den Sinn der Dinge. Einmal sagte er mit einer Prise Humor: „Mein Problem ist, dass ich immer recht habe."

Eigene Erlebnisse und Erfahrungen

Seiner eigenen Wahrheit nachgelebt
Mein Bruder Ralf hat die Sonne exakt am Aszendenten im Schützen. Seine optimistische, lebensbejahende, humorvolle und heitere Art hat er auch heute, in einem Alter von über 60 Jahren, gewahrt. Im Gegensatz zu mir war er ein talentierter Fußballer, zog es aber vor, Fußball nur als Hobby auszuüben. Als er zum Militär musste, stellte er den Antrag auf Freistellung. Darauf wurde ihm folgender Kompromiss angeboten: Er solle einige Wochen

den Dienst ausüben und dann zum Roten Kreuz wechseln. Seine imposante Erscheinung beeindruckte seine Vorgesetzten. Und wenn er bei jeder sich bietenden Gelegenheit stramm stand und bekannt gab: „Jawohl, Herr Oberleutnant, ich bin gerne Soldat!“, dann wussten seine Kollegen, wie er das meinte, und grinsten insgeheim. Nicht aber seine Vorgesetzten, die ihn nach kurzer Zeit befördern wollten. (Was Ralf dankend ablehnte.) Unser origineller, unkonventioneller Vater stand bei ihm an der Wiege.

Eine Freundin und ihre Pferde

Eine Liaison mit einer Schütze-Frau brachte mich mit Pferden in Kontakt. Wie viele in diesem Zeichen Geborene hatte sie eine besondere Beziehung zu diesen Tieren. Außerdem war sie esoterisch interessiert und war bei aller Bescheidenheit, die sie auszeichnete, was sich u.a. über eine spartanisch möblierte Wohnung ausdrückte, sehr ehrgeizig. (Ein Zwiespalt, der viele Schütze-Geborene prägt.) Immerhin erreichte sie, eine gebürtige Französin, damals als 19-Jährige, bei den Miss-Frankreich-Wahlen den 2. Platz. Und als sie reiten wollte, schaffte sie sich nicht nur ein Pferd, sondern gleich drei Pferde an. Auch gelegentliche Reitunfälle konnten sie nicht vom Reiten abhalten. Die Göttin Diana lässt grüßen.

Horoskop mit indirektem Schütze/Jupiter-Thema

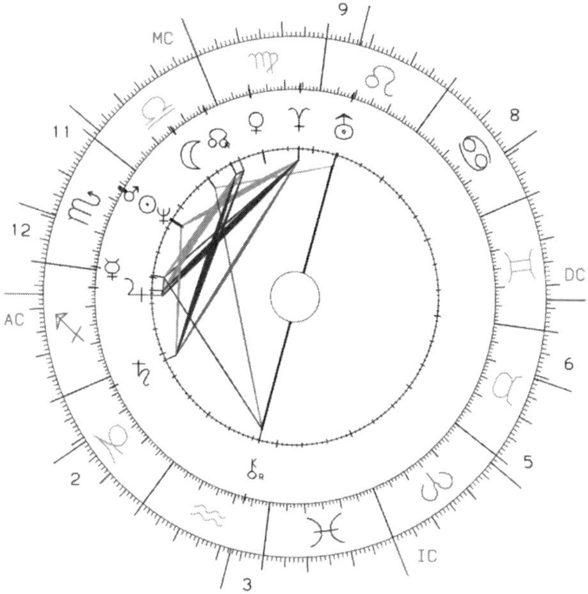

Hier befindet sich zwar die Sonne in Konjunktion zu Mars und Neptun im Zeichen Skorpion, aber der Aszendent (AC) steht in Schütze und das in Konjunktion mit dem Herrscher dieses Zeichens: dem Jupiter! Ein starker Schütze/Jupiter-Einfluss!

Das Steinbock- und Saturn-Prinzip: Grenzen und Strukturen wahrnehmen

22. Dezember bis 20. Januar

Mit Konzentration sein Ziel und Stabilität erreichen. Geduld haben, sich abgrenzen können, Grenzen wahrnehmen und akzeptieren, eigene Normen erkennen und danach leben

Ora et labora: Bete und arbeite.

Möglicher Lieblingsspruch: „Geduld bringt Rosen."

Horoskop mit starkem Steinbock/Saturn-Thema

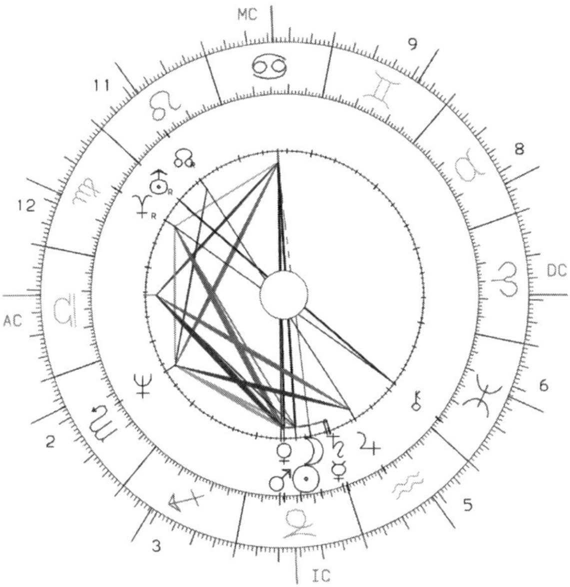

Hier befindet sich die Sonne, das sogenannte Tierkreiszeichen, im Steinbock, wo man auch Mars, Venus, Mond und Merkur sieht: Ein markantes Steinbock/ Saturn-Thema.

Beim Steinbock/Saturn-Prinzip geht es darum, Gebote und Verbote zu prüfen, sie zu akzeptieren oder abzulehnen. Fragen wie diese nach dem Übernehmen von Verantwortung sowie das Abwägen, ob sich Verzichte lohnen und man diszipliniert seine Kräfte einsetzen sollte, stehen im Zentrum.

In dieser Entwicklungsperiode wird das Kind mit Grenzen und Beschränkungen konfrontiert.

Einem steinbockgeprägten Kind sollte man früh Verantwortung und Aufgaben übertragen. Hingegen ein wassermanngeprägtes, uranisches Kind, d.h. eines mit einem beispielsweise sehr unabhängigen und originellen Charakter, fühlt sich wohl, wenn es seine Eltern in seiner Originalität und Autonomie fördern und ihm so früh wie möglich die Chance geben, seiner Identität nach zu leben. Wird dieses in ein konservatives Elternhaus hineingeboren, dann ist es zwar mit der karmischen Aufgabe verbunden, den Eltern aufzuzeigen, wie man unkonventioneller leben kann. Die Situation ist aber eine völlig andere als beim Steinbock, denn Gebote und Verbote werden infrage gestellt und ein Kampf um Freiheiten und Unabhängigkeiten beginnt. Das widerwillige, unter Zwängen erreichte Angepasstsein kann Leisetreter und Trittbrettfahrer hervorbringen. Die Verdrängung seiner speziellen Eigenart kann Depressionen auslösen. Der kleine Steinbock braucht hingegen klare Strukturen, einen geregelten Ablauf, aber kein „gesundes Chaos" wie sein Wassermann-Kollege.

Pränatale Prägungen

Psychologen haben herausgefunden, dass das Baby zu Beginn anscheinend meint, die Mutterbrust sei seine, und dass es erst nach Wochen realisiert, dass dem nicht so ist, was so, nach dem „brutalen Auswurf aus dem Mutterleib", zu weiteren Erlebnissen von Verlusten und Einschränkungen führt. Später kann es zwar kriechen, aber noch nicht stehen, dann stehen, aber noch nicht gehen, dann gehen, aber noch nicht laufen usw. Rennt es durch die Wohnung und stößt den Kopf am Tisch an, erlebt es, dass es Grenzen gibt. Auch elterliche Normen, Gebote und Verbote werden registriert und oft hört es: „Es ist üblich, dass …“ Lebt es dann später diesen nach, gibt es keine Probleme, im anderen Fall aber drohen in nicht wenigen Elternhäusern Maßregelungen und Liebesentzug. Das Kind lernt, sich anzupassen. So wie Pluto das große „ES GEHT NICHT“ (Machtlosigkeit) hervorbringt, hat Saturn das „NORMAL IST…“ kreiert. Aber wer will schon nicht normal sein? So ist die Tochter stolz, ein Abbild der Mutter, und der Sohn eines vom Vater zu sein. Hört das Kind aber Kommentare wie: „Es ist ja ganz anders als …“, so werden diese als Abwertung und Bedrohung empfunden, und manch originelle Entwicklung gerät so ins Stocken. Eine Deutung des Horoskops kann derartige Blockierungen bewusstmachen. Den Erwachsenen fordert das Horoskop auf: „Werde der, der du bist.“ Genauso kann es den Eltern aufzeigen, wo des Sprösslings Talente, Fähigkeiten und Eigenarten liegen.

Das vorgeburtliche Erleben schafft Programmierungen. Die pränatalen Erfahrungen sind Ursache für das spätere Schicksal, z.B. in Beruf, Partnerschaft, gesellschaftlichem Leben, Familie, usw. Das, was sich im Mutterleib zurzeit der Schwangerschaft der Mutter ereignet hat, schafft Anziehung. So kann es z.B. vorkommen, dass ein Kind schon während „seiner“ Schwangerschaft mit dem Krankenhaus konfrontiert wird.

Die Konstellationen des Horoskopes von Gertrud, so wollen wir sie nennen, weisen auf große Belastungen hin. Als ich im Horoskop ihr Thema deutete, wies dieses darauf hin, dass die Mutter machtlos und in der Freiheit eingeschränkt war und zudem ihre Sinnlichkeit nicht ausleben konnte. Gertrud berichtete mir Folgendes: „Meine Mutter wurde während der Schwangerschaft schwer krank und musste drei Monate im Krankenhaus liegen. In dieser Zeit herrschten Distanz und Isolation in der Ehe. Heilungs-

und Gesundwerdungsprozesse standen im Vordergrund. So erlebte ich im Mutterleib mit, dass im Krankenhaus, in einem Umfeld, das entsprechend angespannt war, machtvolle Menschen über das Leben meiner Mutter bestimmten. Konflikte und Verzichte gehörten zum Alltag." Der lange Klinikaufenthalt brachte mancherlei Kosten und Verzichte mit sich, was sich im Horoskop von Gertrud widerspiegelt. Wie immer bei derart einschneidenden vorgeburtlichen Ereignissen, tendiert der Horoskopeigner dazu, diese Themen nach dem Gesetz der Affinität wieder anzuziehen: Gertrud wurde Operationsschwester, d.h. ihr Leben wird nun vom Krankenhausaufenthalt – wenn auch auf andere Art – bestimmt ...

Als sie die Ursache erfuhr, hatte sie bereits begonnen, ihre kreative Seite mehr auszuleben. Auch ihr kreatives Potential stand in ihrem Horoskop.

Die pränatale Astro-Diagnostik wies sie darauf hin, dass dieser Bereich mehr zum wahren Selbst gehört und ihre Berufswahl vom Über-Ich beeinflusst worden war. Das ermunterte sie, ihrer Kreativität mehr Aufmerksamkeit zu schenken.

Defizitäre Auswirkungen einer ungünstigen Erziehung

Wird ein Mensch, der begabtes Original ist blockiert, so kann es sein, dass dieser immer wieder scheitert, später oft arbeitslos und im schlimmsten Falle Sozialhilfeempfänger wird. Eigentlich wäre X ja gerne Künstler geworden. Er hatte alle Anlagen dazu. Aber seine Eltern wollten aus ihm einen guten Bäcker machen, wozu ihm das Talent fehlte. Und so scheiterte er. Und genauso jener, der in einer Künstlerfamilie aufwuchs, aber bessere Voraussetzungen dafür gehabt hätte, ein „Artist in der Backstube" zu werden.

Eine Mutter aus Zürich berichtete, dass ihr Sohn mit der Lehrerin nicht zurechtkam und ihm ein Arzt Ritalin verschreiben wollte. Sie war damit nicht einverstanden gewesen und nach einigen intensiven Gesprächen mit der Lehrerin klärte sich auf, dass ihr Sprössling in der zweiten Klasse unterfordert war. Eine Versetzung in die dritte Klasse machte dem Problem ein Ende.

Normen, Gebote, Regeln, das ist Saturn, der auch mit dem Prinzip der Abgrenzung korrespondiert.

Mit einer Steinbock/Saturn-Anlage im defizitären Stadium wird sich der Betreffende nicht gegen Maßregelungen von außen zur Wehr setzen. Dann hat er die Vorgaben von Eltern und Erziehern so stark verinnerlicht, dass er diesen auch dann noch nach lebt, wenn die Schöpfer des Programms inzwischen ganz andere Erfahrungen gesammelt und ihre Normen verändert haben. (Nicht selten wird auch dann noch danach gelebt, wenn die Eltern schon längst gestorben sind.) In diesem Fall haben wir den klassisch Gehemmten, welcher nach dem Gesetz der Resonanz Maßregler anzieht, die ihm ein schlechtes Gewissen machen. Da er die zu hoch gesteckten Normen nie erreichen kann, sind Resignation und Frust seine ständigen Begleiter.

Destruktive Auswirkungen einer ungünstigen Erziehung

Hier identifiziert sich der Betreffende mit der Rolle der Erzieher und maßregelt alle, die nicht seinen und anderen Gesetzen folgen, seien diese auch noch so blödsinnig und überholt. Er ist der Meinung, dass nicht das System dem Menschen, sondern der Mensch dem System diene soll. Passend zu dieser Gleichschaltungsmanie ist z.B. auch eine Arbeitszeit für alle mit dem Beginn um sechs Uhr morgens. Der Typ „Eule“, dem ein solcher Rhythmus gegen den Strich geht, da er erst gegen Mittag auf Touren kommt, muss sich den Vorwurf des Frühaufstehers „Nachtigall“ anhören: „Was? Du stehst sonst erst um neun Uhr auf?“

Sich in solche Normen einzufügen kann krank machen. So erging es dem berühmten Philosophen Descartes, einem Nachtmenschen. Nachdem er in die Dienste der schwedischen Königin Cristina, die Frühaufsteherin war, berufen wurde, musste er schon des Morgens um fünf Uhr unterrichten. Doch mit diesem Leben gegen seine wahre Natur wurde er krank und nach einigen Monaten starb er. (Hinweis: Schon in den 70er-Jahren wurde von konstruktiven „Saturniern" in unserer Gesellschaft die gleitende Arbeitszeit eingeführt.)

Konstruktive Auswirkungen einer guten Erziehung

Menschen, deren Entwicklung der Steinbock/Saturn-Anlage gefördert wurde, ziehen bei Widerständen nicht den Kopf ein, sondern betrachten diese als Herausforderung. Sie haben ihre eigenen Normen, Gebote und Regeln gefunden, übertragen diese nicht auf andere und können sich gut gegenüber jenen abgrenzen, die mit Worten kommen wie z.B.: „Es ist doch normal, dass …" oder „Bis heute haben wir es so gemacht …" „Es ist nicht einzusehen, dass wir das Bewährte von einem Tag auf den anderen ändern."

Psychosomatische Auswirkungen bei einer unentwickelten Anlage

Depressionen, Knieschmerzen, Gicht, Rheuma, Untergewicht.

Auf dieser Ebene können Probleme entstehen

Indem der Betreffende (lebens-)fremden Normen nach lebt und so wertvolle eigene Lebensrichtlinien unterdrückt. Wenn er als

Maßregler stets mit Worten wie: „Gesetze sind dazu da, dass man sie befolgt“ andere in die Schranken weist.

So können Probleme gelöst werden

Indem der Einzelne erkennt, was für ihn normal ist, und danach lebt. Sie werden gelöst, wenn der Betreffende diszipliniert an seinem eigenen Lebensplan arbeitet und seiner Eigenart nach lebt.

Ein Entwicklung förderndes homöopathisches Mittel ist u.a.

Lycopodium (sowie plumbum metallicum).

Steinbock-Saturn pur – das Klischee

Die Politik ist die Bühne des Steinbocks. Konrad Adenauer, in diesem Zeichen geboren, sprach 1955 im Spiridonowa-Palais zu den mächtigen Herren des Kreml, vor denen die Welt zitterte, und erntete mit folgenden Worten ihren Respekt: „Außenminister Molotow hat gesagt, dass die Deutschen nicht imstande gewesen seien, sich vom Hitlerismus zu befreien. Gestatten Sie mir einmal folgende Frage: Wer hat denn eigentlich das Abkommen mit Hitler abgeschlossen? Sie oder ich? Meine Herren, nehmen Sie es mir nicht übel, was ich jetzt sage, es geht nicht an die Adresse von Sowjetrussland allein, sondern an eine Reihe von Ländern: Warum haben die Großmächte Hitler nach 1933 so groß werden lassen? Das ist doch eine entscheidende Frage. Wenn ich daran denke, wie die Großmächte zum Beispiel bei den Olympischen Spielen in Berlin Hitler gehuldigt haben, dann – verstehen Sie mich bitte

– geht wirklich das Temperament mit mir durch. Ich vergesse nie, wie man Hitler jeden Bruch internationaler Verträge ungeahndet hat durchgehen lassen. Dadurch hat man den Mann in den Augen mancher dummer Deutscher zu einem Hero gemacht und hat bei anderen Deutschen Verzweiflung hervorgerufen."

Beispiele aus der Praxis

Erfolg – aber Sorgenfalten

Der erfolgreiche Fußball-Trainer Ottmar Hitzfeld hat die Sonne im Saturnzeichen Steinbock. Seine Erfolge basieren auf typischen Charaktereigenschaften dieses Erdzeichens: harte Arbeit, zielgerichtete, konzentrierte Planung, gute Organisation und enorme Disziplin (die er auch von seinen Fußballern verlangt).

Aber: Menschen dieses Schlages sind nicht die strahlenden Persönlichkeiten, so wie z.B. die im Zeichen Löwe Geborenen. Trainer-Kollege Löwe Otto Rehagel, genannt „König Otto", sah man nach großen Siegen strahlend auf dem Platz stehen. Anders als bei Steinbock Hitzfeld, dem General, wie er genannt wird. Auch nach einem glorreichen Sieg (und davon gab es sehr viele), blieb Hitzfeld oft in sich gekehrt und stand still an der Seite. Womöglich war er in Gedanken schon beim nächsten harten Match.

Erfolg dank Hartnäckigkeit und Ausdauer

Fußballer Berti Vogts, Verteidiger, ist auch ein typischer Vertreter dieses Zeichens. Ihn nannte man den Terrier. Einer seiner Kollegen sagte einmal: „Um seinen Gegenspielern den Ball abzujagen, verfolgt er sie bis in die Kabine."

Im Gegensatz zum Widder Lothar Matthäus, der für seine enormen Durchsetzung, Kampf- und Durchschlagskraft bekannt war, basierte Vogts Erfolg auf Hartnäckigkeit, Ausdauer und Einsatz bis an die Grenze der Erschöpfung.

Eigene Erlebnisse und Erfahrungen

Den Sorgen mit Hartnäckigkeit begegnen

Meine Frau Mama hat eine Steinbock-Sonne und einen Waage-Aszendenten. Sie ist eine gesellige und offene Persönlichkeit, die nicht nur von ihren Kindern geliebt, sondern auch in ihrem persönlichen Umfeld sehr geschätzt wird. Ihre Saturn-Anlage war gefordert, als zu wenig Geld vorhanden war, um die Familie durchzubringen. Oft sah ich sie grübelnd am Tisch rechnend, übermannt von Kummer und Sorgen. Nur dank ihrer konzentrierten Kraft, Ausdauer und Beharrlichkeit blieb uns das Heim, das sonst unter den Hammer des Gerichtsvollziehers gekommen wäre, erhalten.

Hartnäckigkeit führt zum Erfolg

Meine jüngste Tochter Aimée bewarb sich für eine Stelle als Polizeibeamtin. Sie bekam eine Absage. Als sie reklamierte und wissen wollte, warum, wurde ihr gesagt, man hätte den Eindruck, sie meine es zu wenig ernst. Doch sie, mit der Löwe-Sonne in Quadratur zum Steinbockherrscher Saturn, ließ das nicht auf sich sitzen und bewarb sich ein zweites Mal. Nicht nur die Sonne/Saturn-Konstellation weist auf eine bemerkenswerte Hartnäckigkeit hin, sondern auch der dynamische Mars steht bei ihr am Steinbock-Aszendenten. Im September 2012 begann sie mit der Grundausbildung zur Polizeibeamtin.

Horoskop mit indirektem Steinbock/Saturn-Thema

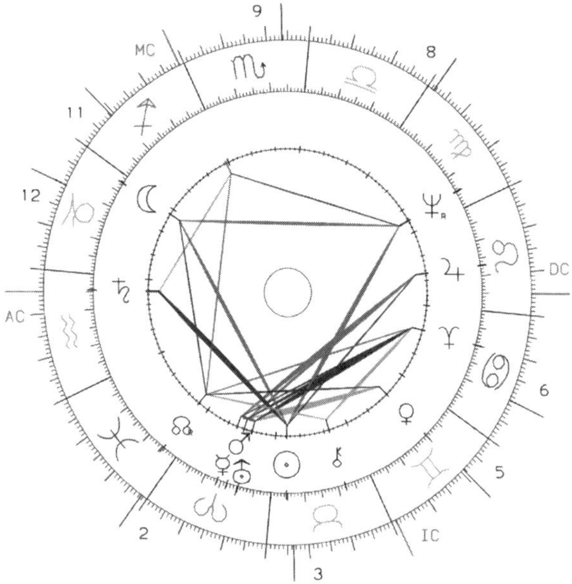

Hier steht die Sonne im Zeichen Stier. Aber Saturn, der Herrscher des Steinbocks, steht am Aszendenten (AC) und dazu in einer Quadratur zur Sonne.

Das Wassermann- und Uranus-Prinzip: Seine Originalität und sein Anderssein erkennen

21. Januar bis 19. Februar

Wahrnehmung seiner Originalität. Ungewöhnliche Formen des Ausdrucks finden. Offen für Neues sein, experimentieren, Autonomie proben, loslösen aus Abhängigkeiten, unkonventionelle Wege gehen. Spontane Entscheidungen treffen.

Libertas et iustitia: Freiheit und Gerechtigkeit.

Möglicher Lieblingsspruch: „Wer wagt, gewinnt!“

Horoskop mit starkem Wassermann/Uranus-Thema

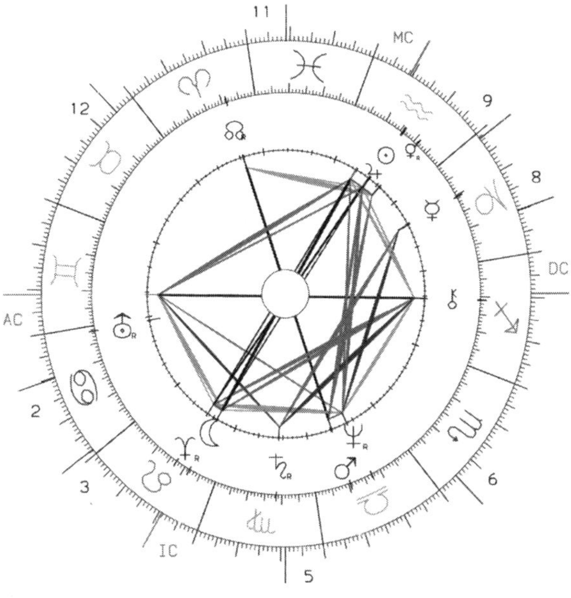

Hier befinden sich neben der Sonne im Luftzeichen Wassermann auch das Medium Coeli (MC), Venus und Jupiter und dazu der Herrscher des Zeichens Uranus am Aszendenten (AC): Eine recht starke Wassermann-Betonung.

Auf dieser Entwicklungsstufe bringt das Kind seine Originalität ein, das bei einem entsprechenden Feedback auch voll zur Entfaltung kommt. Es entdeckt seine Besonderheit und je nachdem auch Andersartigkeit.

Wächst es in einem Elternhaus auf, das gegenüber Neuem offen ist, kann es seine Individualität ungehemmt entwickeln. Weichen aber seine Reaktionen und Sichtweisen von den Normen seiner Erziehungspersonen ab und wird es deswegen gemaßregelt, dann kommt es zu „Uranus/Wassermann-Problemen“, d.h. zu rebellischen Reaktionen.

Viele Kinder unserer Zeit sind außergewöhnlich weit in ihrer geistigen und spirituellen Entwicklung, vermutlich weil in großem Maße fortgeschrittene, reife Seelen inkarnieren, die noch eine sehr wache Erinnerung an ihre früheren Leben haben. An Leben, in denen sie geliebt und gelitten, viele Erfahrungen gesammelt und manches erlebt hatten.

So gesehen sind das Erwachsene, die sich in einem kleinen Körper befinden, die von klein auf ernst genommen werden wollen und sich nicht in ein vorgegebenes Schema einzwängen lassen. So kommt es beispielsweise vor, dass sich Kinder im Vorschulalter weigern, dem Onkel X oder der Tante Y freundlich die Hand zu geben. Dies deshalb, weil sie vielleicht ungünstige Schwingungen wahrnehmen und damit nichts zu tun haben wollen. Ungezogen?

Vielleicht nicht! Werden die Kleinen immer wieder gezwungen, gegen ihre Intuition zu handeln, richtet man Schaden an. Ein Kind, das besondere Talente und Fähigkeiten hat, in diesen aber nicht gefördert, sondern missachtet oder kritisiert wird, bekommt Probleme, was die Eltern ebenfalls zu spüren bekommen.

Manche „Uranier" verlassen früh das Elternhaus. Einige provozieren Skandale. „Wenn es nicht auf dem üblichen Weg in Harmonie geht, dann geht es eben auf dem anderen."

Auf der Wassermann/Uranus-Ebene geht es um die unverblümte Wahrheit, jenseits der Diplomatie. Es geht um Gleichberechtigung und Echtheit. Winkelzüge werden verabscheut. Lieber brutale Offenheit als seichte Diplomatie.

Hätte man einen Mozart nicht gefördert, so wären uns seine originellen Schöpfungen nicht erhalten geblieben, wie auch bei Schiller oder Goethe. Gerade aus der Familie des letztgenannten Genies wird klar, was passiert, wenn Talente unterdrückt werden, soll doch Goethes Schwester mindestens ebenso talentiert gewesen sein. Gehört aber hat man nichts von ihr.

Skurriles dokumentieren stets Prominente mit der Wassermann/Uranus-Färbung wie zum Beispiel Hella von Sinnen (Wassermann-Sonne, 2.2.1959. Uranus in Opposition zur Sonne) oder Nina Hagen (Fische-Sonne, 11.3.1955, Uranus im Trigon zur Sonne, Merkur und Venus im Wassermann). „Uranier" agieren mit Freuden gegen die Erwartungshaltung der Durchschnittsbürger. So wird vom berühmten James Dean (*8.2.1931, +30.9.1955) erzählt, dass man ihn längst erwartete und alles gespannt zur Tür schaute, ob er nun endlich käme. Als im Hinterraum das Fenster klirrte und dabei Glas zersprang, stellte man fest, dass er einen anderen Weg gewählt hatte.

Die in diesem Energiefeld Geborenen zeigen sich so, wie sie wirklich sind, und immerhin verdien(t)en die in diesem Beispiel genannten mit ihrer provokativen Art damit ihren Lebensunterhalt.

Auf der Wassermann/Uranus-Ebene läuft nichts normal. Abseits der Normen, Gebote und Regeln, bahnt sich der Uranusgeprägte mit der Machete im Dschungel des Lebens selbst seinen Weg, überrascht mit wundersamen, originellen Vorschlägen oder Reaktionen oder provoziert mit seiner unbekümmerten Art und dem Verstoß gegen unmenschliche, starre Regeln die Stockkonservativen und unkritischen Obrigkeitsgläubigen.

Nicht selten besteht eine besondere Affinität zu neuen Technologien.

Pränatale Prägungen

Eine Seminarteilnehmerin schreibt: „Meine Kindheit war geprägt von Spannungen und ich war unfrei." Daniela (Name geändert) berichtet, was sie pränatal erfahren hat: Ihre Mutter wurde in dieser Zeit stark in ihrer Freiheit eingeschränkt und erlebte Unterdrückung, Machtlosigkeit und Tyrannei.

Zum Thema Macht/Ohnmacht schreibt sie: „Meine Mutter konnte sich nicht mit ihrem Leben abfinden und wenn es ihr schlecht ging, hat sie ständig meinem Vater, der tatsächlich ein Tyrann war, die Schuld zugewiesen. Trotz allem hatte sie schreckliche Angst, dass er früh sterben könnte. Als ich elf Jahre alt war, starb er mit nur 50 Jahren.

Sechs Jahre später, im Alter von 17 Jahren, lernte ich einen viel älteren Mann kennen und glaubte, bei ihm Sicherheit und Geborgenheit zu finden. Doch mit ihm erlebte ich dasselbe wie mit meinem tyrannischen Vater." Ein Parade-Beispiel dafür, wie stark sich das Jugenderlebnis auf das Leben im Erwachsenenalter auswirkt.

Im Rahmen der Ausbildung wurde sich Daniela ihrer positiven Wassermann/Uranus-Anlagen bewusst (Wahrnehmung) und konnte danach die guten Möglichkeiten ausschöpfen (Aktivität). Im Endstadium ihrer Entwicklung wird sie freier, unabhängiger und mit Originalität agieren.

Defizitäre Auswirkungen einer ungünstigen Erziehung

Eine Verdrängung führt dazu, dass der Betreffende unbewusst eine Außenseiterrolle sucht. Dort kann er gesellschaftlich „legal" seine

Originalität ausleben. Viele sind künstlerisch ausgesprochen begabt, nach dem Motto: „Der Künstlerberuf ist der einzige, in dem man wahnsinnig sein kann, ohne in die Klapsmühle zu kommen."

Originell, mit unerwarteter Pointe sind die uranischen Witze. Einer davon handelt von einem Patienten, der vom Arzt hört, er habe eine sehr seltene Krankheit. Ob er diese nicht heilen könne? Antwort: „Das weiß ich nicht, aber wenn, dann werde ich weltberühmt."

Destruktive Auswirkungen einer ungünstigen Erziehung

Bei einer Verdrängung der Wassermann/Uranus-Anlage schockiert und provoziert der Betreffende andere oder zieht immer wieder Situationen an, die Spannungen auslösen. Da er sich nicht anpassen kann und will, kann er im Extremfall, d.h. bei einer kriminellen Handlung, im Gefängnis landen. Dort kann er sich dann Gedanken über das Thema „Die Freiheit und das Maß, das jeder hat" machen.

„Uranier" sind Nichtangepasste und ein Gräuel für Diktatoren. So wie 2012, als das russische Oberhaupt Putin Mitglieder der russischen Band Pussy Riot für zwei Jahre wegsperren ließ, als diese – wenn auch nicht an einem geeigneten Ort – gegen ihn protestierten.

Konstruktive Auswirkungen einer guten Erziehung

Jeder Mensch ist ein Unikat. Wird der Betreffende familiär in seiner ungewöhnlichen Eigenart und den besonderen Talenten gefördert, so wird er als lebhafter und origineller Mensch durchs Leben gehen und immer wieder für positive Überraschungen sorgen. In diesem Fall hat er einen spannenden Rhythmus gefunden: Das rechte Maß zwischen Routine, Stabilität und dem Wechsel zu Neuem und Revolutionärem. (Ein Chefchirurg mit einem hohen Maß an Verantwortung – Saturn -, kompensiert dies, indem er in der Freizeit mit seinem Flugzeug durch die Lüfte schwebt.)

Psychosomatische Auswirkungen bei einer unentwickelten Anlage

Kreislaufbeschwerden, Herzstiche, Herzinfarkt, Drüsenprobleme, Operationen und Unfälle (vor allem mit Elektrizität – auch Eruptives, wie z.B. Blitzschlag).

So können Probleme entstehen

Indem der Native seiner originellen Anlage keinen Ausdruck verleiht. Probleme entstehen durch Mangel an Anpassung, aber auch wenn der Betreffende seine wahren Talente und Fähigkeiten verleugnet. Welche diese sind, kann – ja sollte – den Eltern frühzeitig über die Horoskopdeutung ihres Sprösslings vermittelt werden!

So können Probleme gelöst werden

Indem die Eltern das Kind in seiner speziellen Art fördern. Probleme können gelöst werden, indem neue Wege und Methoden gesucht und gefunden werden. Solche, die durchaus ungewöhnlich sein können – und vielleicht sogar „verrückt".

Ein Entwicklung förderndes homöopathisches Mittel ist u.a.

Zincum metallicum.

Wassermann-Uranus pur – das Klischee

Mit Unerwartetem wurden zwei Diebe in Australien konfrontiert.
Hier ein Bericht, der, wenn nicht wahr, zumindest sehr originell ist: „Australien: Eine gestohlene Python hat in Australien der Polizei kräftig bei ihrer Befreiung geholfen. Unbekannte hatten die zwei Meter lange Schlange aus einem Wildpark-Forschungszentrum im Westen des Kontinents gestohlen. Was die Diebe nicht wussten: Die Schlange hatte zuvor ein Beutetier gefressen, das zu Forschungszwecken einen Peilsender getragen hatte. Ein Suchflugzeug spürte Sender und Würgeschlange schließlich in einem Haus in Perth auf, zusammen mit zwei äußerst überraschten Dieben." 3sat-Text vom 26. Juni 2009

Beispiele aus der Praxis

Dutzende Operationen
Eine Operation am Körper ersetzt nicht selten eine längst notwendige geistige. Meldet sich das Gemüt über Körpersymptome, so hat der Betreffende zuvor nicht auf die feineren Signale gehört. Wenn es an der Zeit ist, etwas Wesentliches im Leben zu verändern, ersetzt manchmal der Eingriff am Körper den notwendigen Schritt. Dies bringt aber keine Lösung, sondern verschiebt das Problem in die Zeit.

So lief es bei einer etwas über 50-jährige Dame ab, die immer wieder Operationen über sich ergehen lassen musste – „schon über 30 waren das", sagte sie – sogar mit Stolz. Auf meinen Vorschlag, dass sie sich doch jemanden aus meinem Netzwerk alternativer Ärzte und Heilern zuwenden möge, antwortete sie, dass sie einen sehr guten Arzt hätte und damit bestens bedient sei.

Eine solche Einstellung ist nicht selten und signifikant für Menschen, die sich in eine Hemmung geschickt haben und diese nun konsequent pflegen und vehement verteidigen.

Der falsche Weg in der Erziehung zur Unabhängigkeit und Autonomie
Ein Junge wurde alternativ erzogen. Er durfte all das machen, wozu er Lust hatte. Ging seine Mutter z.B. zu einer Behörde, so hinderte sie ihn auch dann nicht daran, wenn er der Sekretärin beim Schreiben in die Tasten griff. Auch wenn ihn diese mehrmals aufforderte, das zu unterlassen, unternahm die Mutter nichts. Fernsehen durfte er vom frühen Morgen bis in die Nacht und da er nicht in den Kindergarten wollte, brauchte er da auch nicht hingehen.

Mit dieser unerlösten Uranus/Wassermann-Anlage waren für ihn die Voraussetzungen gegeben, in der Gesellschaft zu scheitern.

Seinen originellen Ideen nach gelebt
Ein reifer Mann mit der Sonne im Zeichen Wassermann hob sich deutlich mit seinen langen zum Pferdeschwanz gebundenen Haaren vom Durchschnitt ab. Früher sprang er von einem 10-Meter-Brett mit einem Salto in eine kleine, mit Wasser gefüllte Wanne oder von 30 Meter hohen Klippen ins Meer. Heute hilft er dank seinen originellen Ideen im Rahmen seiner Computerarbeit anderen, die nicht mehr weiterwissen.

Eigene Erlebnisse und Erfahrungen

Keine Autoritätsgläubigkeit
Mein Vater hat uns Kindern vermittelt, dass nicht alle von Menschen gemachten Gesetze frei von Fehlern sind. Nicht zuletzt aufgrund seiner Erlebnisse im Dritten Reich warnte er uns davor, blindlings allen Anweisungen von Autoritätspersonen zu folgen. „Man muss gegenüber Autoritäten kritisch und wenn nötig, ungehorsam sein."

Diese Worte kamen mir in den Sinn, als ich einem Arzt widersprach: Meine Tochter Nicole kam zur Welt mit einem in der Stirnmitte spitz zulaufenden Knochen. Mit einer Operation (einer medizinischen Säge), so hörten meine Frau und ich, könne man das regulieren. Es kam von uns ein entschiedenes Nein und bereits nach kurzer Zeit war nichts mehr von dieser Erhebung in der Stirnmitte zu sehen.

Ideen umgesetzt

Mein Bruder, mit einer Uranus/Sonne-Opposition im Horoskop, ist von Natur aus technisch begabt. Schon früh nahm er seine Spielzeuge auseinander und untersuchte diese bis ins letzte Detail. Als er wie ich – mit seinem Zimmer im ersten Stock unseres Hauses – unten an der Treppe einen Kontakt anbrachte, der dann, wenn jemand auf die erste Stufe trat, bei ihm eine Lampe aktivierte, goutierten das meine Eltern mit Bewunderung und Anerkennung.

Später erfand er für meine Schwester einen „Katzenmelder", d.h. stand eines ihrer sanften Haustiere vor dem Fenster und wollte in die Wohnung, so gab es ein Signal.

Heute arbeitet er als unentbehrliche Kraft in einer Firma an einem Großcomputer.

Unanständiges Fahren

Mein Vater, mit dem Temperament des südlichen Ostens geboren (Buchenland-Deutscher/Ukraine), sang gerne und viel. Als er einmal mit seiner Vespa unterwegs und die Straße völlig frei war, kurvte er fröhlich singend auf der Landstraße umher.

Dumm nur, dass der einzige Verkehrsteilnehmer weit und breit ein Polizeibeamter war, der seinen Verdacht auf Trunkenheit zwar nicht bestätigt fand, ihm aber dann ein Strafmandat „wegen unanständigen Fahrens" verpasste. Dieses hängt gerahmt noch heute als Erbstück an der Wand in meiner Wohnung, denn im Alter von 88 Jahren hat der Uranusgeprägte inzwischen die Welt verlassen.

„Wie die alle guckten …“

Mein leider zu früh verstorbener Freund, der Schriftsteller Sergius Golowin, Wassermann vom Sonnenstand, war schon über 50 Jahre alt, als er sich bei einem Frisör eine Grünsträhne ins Haar färben ließ. Er teilte mir mit, dass er sich köstlich amüsiert habe, wenn er durch die Stadt ging: „Wie die alle guckten“, sagte er.

Horoskop mit indirektem Wassermann-Uranus-Thema

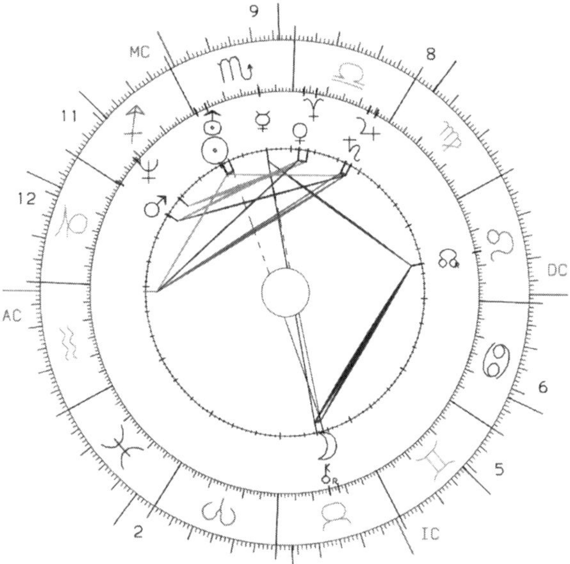

Hier haben wir die Sonne im Zeichen Skorpion, doch der Wassermann-Regent Uranus steht direkt bei der Sonne, d.h. in einer Konjunktion. Dazu sieht man den Aszendenten im Wassermann. Ebenfalls eine starke uranische Prägung.

Das Fische- und Neptun-Prinzip: Visionen und Träumen nachsinnen

20. Februar bis 20. März

Hier begibt sich das Kind in seine eigene Traumwelt. Feen, Gnome, Zwerge usw. haben einen festen Platz. Visionen, spirituelle Erfahrungen, Ahnungen, Eingebungen, Weltentrücktheit sind ein Thema. Es geht um ein soziales Verständnis, Mitleid, Selbstlosigkeit, Flucht und Sucht.

Bella gerant alii. Kriege mögen die anderen führen.

Möglicher Lieblingsspruch: „Lebe Deinen Traum!"

Horoskop mit starkem Fische/Neptun-Thema

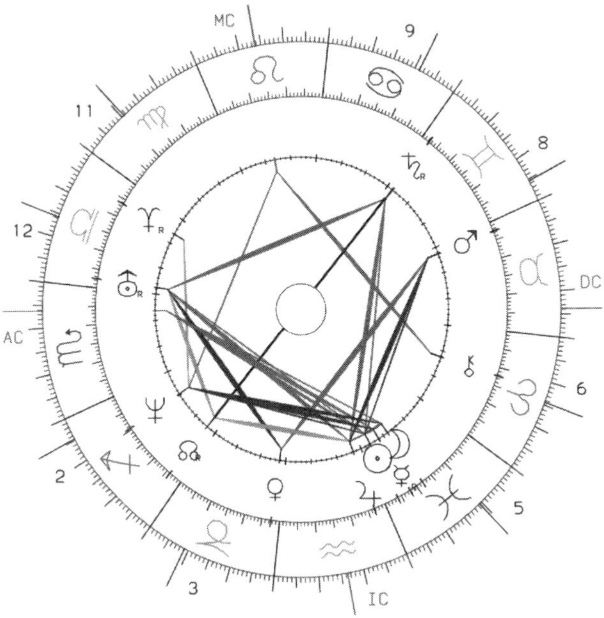

Hier befinden sich neben der Sonne noch der Mond und Merkur in den Fischen, zudem stehen diese drei Prinzipien in einem markanten Aspekt zum Herrscher der Fische, dem Neptun.

Wenn die Entwicklungsperiode durch die Fische/Neptun-Thematik regiert wird, spielen Märchen, Fabeln und Träume eine große Rolle. Das Kind beginnt seine tiefsten Wünsche mitzuteilen: „Mal eine Insel kaufen, ein großer Schauspieler werden …“ oder wie ich es von meiner damals 5-jährigen Enkelin Amaliah hörte: „Ich will Weltretterin werden.“

Auf der Fische-Ebene lebt das Kind in seiner Traumwelt. Abgesehen davon, dass es sich die Frage stellt, ob es einen Weihnachtsmann, den Osterhasen oder das Einhorn gibt, will es herausfinden, ob seine eigenen kleinen Träume Platz in der Realität haben. In unserer Verbotsgesellschaft wird es den Jugendlichen – mit Ausnahmen, sie leben auf dem „Internetkontinent“ – von Jahr zu Jahr schwerer gemacht, eigene Visionen zu verwirklichen und sie müssen immer mehr Phantasie aufwenden, um Nischen abseits der nüchternen Welt zu finden.

Amaliah hat die Venus in den Fischen. Als sie noch in den Kindergarten ging, wurde ihr gesagt: „Schau mal den Vollmond, das hat der Mann im Mond gemacht.“. Darauf antwortete sie: „Nein, das ist, weil die Sonne den Mond bestrahlt.“ Und hernach: „Aber den Mann im Mond gibt es doch!“

Es ist wichtig für unsere Kinder, dass sie Träume haben dürfen: Abgesehen vom Weihnachtsmann und dem Osterhasen gehört auch die Vorstellung, dass Feen, Hexen, Zwerge und Wichte sich im Wald tummeln, fliegende Pferde unterwegs sind usw.

Wird ein Kind in eine Familie hineingeboren, welche kein Gespür für diese Dinge hat, und es hört immer wieder: „Schlag dir das aus dem Kopf! Man muss realistisch bleiben!“, so wird ein wertvoller Teil unterdrückt.

Ein junger Mann bekam gesundheitliche Probleme, als ihm sein Vater einen Traum ausredete und ihn wegen „dieser dummen Idee“ maßregelte. Seine Augen begannen zu tränen; der Blick wurde verschwommen. Die Gemüt-Körper-Reaktion zeigte sich genau da, wo Neptun (negativ: das Verschwommene) und Sonne (Augen) ihre physische Präsenz haben. So lautete die Botschaft: „Ich möchte ja so gern, aber ich kann meinen Visionen nicht nach leben.“

Wird ein Kind dagegen in ein Elternhaus geboren, wo nur geträumt und ständig an der Realität vorbeigelebt wird, so verliert es jedes Gefühl dafür.

Labilität kann sich ausdrücken, indem die Eltern kettenrauchen, sich mit Tabletten vollstopfen, sich sinnlos betrinken oder – arbeits- und antriebslos – faul zu Hause auf dem Sofa vor der Glotze herumliegen. (Es sei denn, der Charakter des Zöglings ist – was meist wohl die Ausnahme sein dürfte – so stark, dass er das als abschreckendes Beispiel nimmt: „So nicht. Ich mach‘ es anders!“)

Auf der Fische/Neptun-Ebene gilt es, Traum und Realität in Balance zu bringen, sich mit dem Fische- (Intuitus mysticus) und, dem Jungfrau-Prinzip (der Ratio), seinem Schattenpol zu arrangieren. Defizitäre Muster sind hier: Vertuschung, Verschleierung, Täuschung, Lüge und Haltlosigkeit, Mangel an Initiative und Schwäche.

Sind die Eltern Sozialhilfeempfänger und abhängig vom Staat, so besteht die Gefahr, dass auch das Kind diesen Weg wählt. Leben die Eltern in einer verlogenen Welt, so wird auch dieses Beispiel dem Zögling seinen Weg im Leben schwer machen.

Anders in Künstlerfamilien. Hier steht in Analogie zu Fische-Neptun das Schauspiel. (Da darf, ja muss man „legal lügen“. Oder was ist es anderes, wenn sie z.B. in einer Szene sagt: „Ich liebe Dich“ und dabei denkt: „Der blöde Kollege hat mal wieder Knoblauch gegessen“.)

Auch die Musik steht in Verbindung zum Fische/Neptun-Prinzip. (Die Malerei z.B. in Affinität zu Venus-Waage, die

Schriftstellerei zu Zwillinge-Merkur, die Bildhauerei zu Mars-Saturn, d.h. Widder und Steinbock usw.)

Wird Klavier spielen gelernt, Geige oder Gitarre, werden Märchen erzählt und bekommt das Kind die Möglichkeit, spielerisch seiner Phantasie nachzuleben, und gehen die Erzieher auch auf noch so „skurrile" Träume ein, so ist das eine gute Basis. Manch einer wird hernach als Visionär seinen Weg machen. So wie Barack Obama, der den Fische-Herrscher Neptun im Quadrat zur Sonne hat. (Doch wie man gesehen hat, ist das auch eine Gratwanderung.)

Liz Taylors Fische-Sonne befindet sich mit Neptun in einer Opposition. Sie wurde von klein auf künstlerisch gefördert. Gandhi wuchs in einem spirituellen Umfeld auf und konnte so tief aus dem Inneren heraus unbeirrbar seinem Traum nach leben.

Schauspieler, Musiker, Mystiker, all jene, welche die Phantasie der Menschen beschäftigen, haben Neptun markant im Horoskop stehen. Entweder wurden sie in diesem Bereich in der Jugend gefördert, oder, was ohne Zynismus auch ein Segen sein kann, es war keiner da, der sie blockierte. Wir alle haben einen Neptun im Horoskop, so wie jeder einen Mars, einen Merkur usw.

Grandma Moses (*7.9.1860, †13.12.1961), die zehn Kinder zur Welt brachte (wovon nur fünf überlebten), hatte schon als Kind gerne gemalt, war aber wegen vielfältiger Pflichten im Haushalt selten dazu gekommen. Erst nach dem Tod ihres Mannes, im Alter von 66 Jahren, begann sie mit der Malerei. Sie war bereits 79 Jahre alt, als erste Werke von ihr ausgestellt wurden. Im Alter von 89 Jahren erhielt sie aus den Händen von US-Präsident Harry Truman das Auszeichnungsdiplom „Women National Press Club" und im gleichen Alter das Ehrendoktorat des Russel Sage College in Troy, New York.

Wie, liebe Leserin, lieber Leser, war es denn bei Ihnen?

Wäre es nicht sinnvoll, dass Sie die vielleicht sehr verstaubte Schublade nochmals aufmachen und sich dort ansehen, was da schon lange auf eine Verwirklichung wartet? Noch ist es Zeit zum

Traumtäter zu werden, d.h. die Träume in die Tat umzusetzen und – falls vorhanden – ihren Kindern Mut zu machen!

Die Fische/Neptun-Anlage wurde u.a. zelebriert von Berühmtheiten wie Mozart, Jules Verne oder Heinz Rühmann.

Passend dazu sind: Die Fee, der Zauberer, Gärtner, Pflanzenkundler, Apotheker, Tiefseetaucher, Fischer, Vegetarier, Yoga-Lehrer, Menschen, die zu Hause sind im Schauspiel, der Musik, im Sozialwesen wie auch Hilfesuchende und Hilfebietende.

Amüsant dazu noch ein „neptunischer" Witz von einem Enkelkind, das bei seinem Großvater zu Besuch war und horte: „Als ich in Alaska war, wurde ich von acht Wölfen angefallen." „Aber Opa, letztes Jahr hast du gesagt, es seien nur vier gewesen!" – „Ach. Da warst du noch zu jung, um die ganze Wahrheit zu erfahren."

Pränatale Prägungen

Antonio, ein junger Mann italienischer Abstammung, von nicht schlechter Erscheinung, meist gut gelaunt, optimistisch, aber nicht immer zuverlässig, zog ständig Frauen an, die nach kurzer Phase des Verliebtseins begannen, sich nach anderen Männern umzuschauen. Er war sich nie sicher, wie lange und ob überhaupt eine Beziehung halten würde. Trennungen gab es immer wieder.

Als ich sein Horoskop deutete, sah ich, dass seine Venus im Neptunhaus stand (dem Letzten, dem 12. Haus, das mit sehr viel Positivem* assoziiert wird, u.a. aber auch mit Betrug und Versteckspielen). Dazu befand sich der Planet für Skandale Uranus in Spannung.

Als ich fragte, wie es denn um die Treue zwischen Vater und Mutter stand, rief er aus: „Ja, der Vater ging ständig fremd. Aber davon wusste ja die ganze Stadt!"

In diesem Fall hat Antonio das Programm seiner Mutter übernommen. Erstmals konnte sein Ich bewusst Stellung dazu nehmen. Auch wenn allein so das Problem nicht gelöst ist: Unbewusst kann die Konditionierung nicht mehr in dieser Intensität funktionieren – und das bringt Hoffnung ins Leben.

Defizitäre Auswirkungen einer ungünstigen Erziehung

Es gibt einen dummen Spruch: „Ist nicht der Gedanke an eine Möglichkeit nicht schon atemberaubend genug?"

Bei einer Verdrängung der Fische/Neptun-Anlage zieht der Betreffende immer wieder Menschen an, die ihn belügen, täuschen, enttäuschen und hintergehen.

Im Internet, über Videos und im Kino lebt er das aus, was er nie durfte. Seine Träume sind nur Schäume.

Destruktive Auswirkungen einer ungünstigen Erziehung

Hier agiert der Betreffende, indem er lügt, täuscht und betrügt. Wie beim Lügenbaron Münchhausen weiß man bei ihm nie, was Realität und Phantasie ist. Im Berufsleben wird er oder sie als Schattenmensch definiert und in der Partnerschaft als Heuchler, der/dem man nie trauen kann. Als Person ohne Rückgrat schlängelt er sich durchs Leben, wo Klatsch und Lüge ein fester Bestandteil sind. Sein Versteck ist hinter der Gardine. Zum Selbstschutz macht er sich etwas vor, lebt jenseits der Realität.

Konstruktive Auswirkungen einer guten Erziehung

Der Horoskopeigner hat Sinn für Romantik und ist in der Lage, seine Wünsche und Träume auch in die Tat umzusetzen. Er ist taktvoll, intuitiv und an spirituellen Inhalten interessiert. Mit seiner feingeistigen und sensiblen Art findet er Menschen in einem adäquaten Umfeld und erfährt Anerkennung und große Wertschätzung.

Psychosomatische Auswirkungen bei einer unentwickelten Anlage

Schwächeanfälle, Alkohol- und/oder Drogenprobleme, Süchte, schwache Füße, Lymphdrüsenprobleme, geistige Krankheiten, Hypochondrie.

So können Probleme entstehen

Durch Ausweichen, Versteckspiele, Täuschung und Unehrlichkeit. Ein überdimensionierter Fluchtmechanismus verunmöglicht es, Konflikte zu lösen. Probleme (pro blema = für, nicht gegen dich) werden hinausgeschoben und unter den Tisch gekehrt: der oder die Nichtgreif- und Nichtfassbare.

So können Probleme gelöst werden

Indem der Einzelne Träume in die Tat umsetzt. Sie werden gelöst, wenn sich der Betreffende ein Umfeld von Menschen sucht, in dem Takt, Sensibilität, Intuition und Spiritualität geschätzt werden.

Ein Entwicklung förderndes homöopathisches Mittel ist u.a.

Alumina metallicum.

Fische-Neptun pur – das Klischee

Zeitung „20 Minuten". 29. Juni 2009: Polizeidirektor Nause will Berner Bottellon verhindern.

Aus dem Bedürfnis heraus, Verrücktes zu realisieren, etwas, das noch nicht von Gesetzes wegen verboten wurde, ist das dem destruktiven Fische-Prinzip zuzuordnende „Massensaufen im Freien" entstanden.

„Lasst uns die Party starten, und zeigen wir der Schweiz, dass wir die beste Party-Stadt sind." So wirbt „Pedro T Bear" für den zweiten Berner Bottellon.

Nun will der Berner Polizeidirektor Reto Nause mit dem verschleiert agierenden Organisator Kontakt aufnehmen, um ihm klar zu machen, dass man ihn dafür zur Verantwortung ziehen könne. Bis jetzt haben sich schon über 220 Personen für die Alkoholsause angemeldet. Im August 2008 hatten sich 1.200 Leute an diesem Ereignis beteiligt und dabei rund 2.5 t Abfall zurückgelassen.

Fische-Neptun: Hellsehen

Ein Mann kommt zur Hellseherin. Sie setzt sich vor die Kristallkugel. „Wie ich sehe, sind Sie Vater von zwei Kindern", sagt sie. „Der Meinung sind Sie", erwidert er, „ich bin Vater von drei Kindern." Die Wahrsagerin lächelt: „Der Meinung sind Sie …"

Verkannt

Aufgrund fehlender Kommunikation kann es vorkommen, dass in den Fische/Neptun-Typus Dinge projiziert werden, die nicht der Wahrheit entsprechen.

Krass drückt das folgende Szene aus: Die Krankenschwester kommt ins Arztzimmer: „Herr Doktor, der Simulant von Zimmer 107 ist gestorben!"

Antwort: „Jetzt übertreibt er aber wirklich!"

Sprachlos

Ein befreundeter Homöopath erzählte mir folgende Begebenheit: „Einmal kam eine Dame mit einer hübschen 6-jährigen Tochter zu mir. Obwohl alle sprachlichen ‚Werkzeuge' bei ihr voll funktionstüchtig waren, sprach sie bis heute kein Wort.

Was sie denn in der pränatalen Phase erlebt habe, fragte ich. Aber die Mutter druckste herum und wollte es nicht sagen. Erst als ich energisch wurde und ihr mitteilte, dass ich dem Kind sonst nicht helfen könne, kam es aus ihr heraus:

Als sie schwanger war, kam sie früher als geplant nach Hause. Die Schlafzimmertür war angelehnt und als sie vorsichtig in den Raum schaute, sah sie ihren Mann mit einer anderen Frau im Bett.

Statt ihm eine Szene zu machen, zog sie sich zurück und ging für eine Stunde aus dem Haus. Sie sprach weder mit ihrem Mann noch mit anderen über dieses Erlebnis."

Sie werden es ahnen. Das werdende Kind hatte die Botschaft bekommen: „Schweig, sei still, verberge!". - Dies ist ein weiteres Fische/Neptun-Thema, wenn diese Qualität defizitär ausgelebt wird.

**Für die Fachleute: Wir müssen, was die Deutungen zum 12. Haus angeht, althergebrachtes Wissen revidieren. So bezeichnen die Feng Shui-Meister, die zugleich Astrologen sind, entgegen der gängigen Vorstellungen aus Asien diese Zone – die des Südostens – als eine der besten, die es gibt. Beispielsweise haben erfolgreiche Prominente wie Helmut Kohl, Boris Becker, Steffi Graf und auch Roger Feder die Sonne im 12. Haus. – Überdies möchte ich hier anfügen, dass in der astrologischen Pränataldiagnostik die psychologische Deutung Mond/Venus = Frau/Mutter, Mars/Sonne = Mann/Vater wegfällt. Das gesamte Horoskop spiegelt die vorgeburtlichen ERLEBNISSE der Mutter wider. Daher kann die Venus-Thematik ebenso mit dem Vater zusammenhängen, so wie die Mars-Konstellationen mit der Mutter.*

Beispiele aus der Praxis

Vertuschen und verschleiern als Weg gegen elterliche Normen

Theo war von Natur aus romantisch-schwärmerisch. Als Neptunier ging er möglichst allen Auseinandersetzungen aus dem Weg. Im Staub rangelten und lagen nur die anderen Jungs und er zog sich zurück, sobald es brenzlig wurde. Bereits als kleiner Junge schrieb er Tagebuch, malte viel und übte sich in der Dichtkunst. Das Hobby seines Vaters aber war Boxen und Eishockey und diesem missfiel dieses „weibische Getue" seines Sohnes. Mit einem Blick der Verachtung strafte er den Jungen oft und dies im Besonderen, als er einmal in dessen Zimmer kam und las, wie dieser eine Seite mit der Überschrift „Meine Träume" gestaltete.

Da Theo nicht nur von der verständnisvollen Mutter, sondern auch von seinem Vater geliebt werden wollte, versuchte er, sich den ihm fremden Maßstäben anzupassen. Er wollte seinem Vater imponieren und „ein richtiger Junge sein". Die Gelegenheit dazu kam, als sich ein kampflustiger Junge aus der Nachbarschaft den Fuß verstauchte und gehandicapt war. Er rang ihn nieder. Sein Vater war entsprechend angetan und gab ihm das erwartete Feedback. Später aber, als der Nachbarsjunge wieder fit war, suchte er Schleichwege, um ihm nicht wieder zu begegnen. Der Fische/Neptun-typische Ausweichmechanismus kam zum ebenso typischen Täuschungsmanöver hinzu.

Vom Bankdirektor zum Eroberer seiner Träume

Ein Angestellter war bekannt dafür, dass er nie konkret wurde und um den heißen Brei herumredete: Ihn prägte die Angst, nicht zu genügen …

Als ich ihm von seinen künstlerischen Talenten, die klar und deutlich im Horoskop standen, berichtete, rief er aus, dass er schon lange in diese Richtung wollte, ihn aber dann, wenn er kommunizierte, dass er diesen Weg einschlagen wolle. Wenn er aber davon sprach, erklärten seine Eltern ihn für verrückt, wie alle anderen in seinem Umfeld ebenso. Er atmete tief durch und sagte: „Nun will ich diesen Weg beschreiten."

Die Bühne gefunden, wo er sich zu Hause fühlte ...
Anders erlebte es Fred, der in eine Familie hineingeboren wurde, in der diese Dinge von Beginn an unterstützt wurden. In seiner Jugend griff die besorgte Mama immer zum Telefon, wenn ein Junge aus der Schule ihren Fred bedrohte.

Ein auf der physischen Ebene durchschlagskräftiger Mann wurde er zwar nicht, aber ein erfolgreicher Musikprofessor. Hier auf der Bühne der feingeistigen Kräfte war er weit genug weg von jenen destruktiv agierenden Menschen, die als Erwachsene zwar nicht mehr dreinschlugen, aber stattdessen zum Mobbing übergingen.

Eigene Erlebnisse und Erfahrungen

Eine Vision erfolgreich umgesetzt
Es war in den 80er-Jahren, als mir kein Astrologie-Journal wirklich zusagte. Hier gab es Fachzeitschriften, bei denen der Laie nur Bahnhof verstand, dort überboten sich andere mit dummer Sensationsastrologie. So kam in mir der Wunsch auf, selbst ein Heft herauszugeben, das a) unterhaltsam, anregend und spannend und b) bei allem Tiefgang für Laien und Fachleute gut verständlich sein sollte.

Das Konzept stand und Mitte der 80er-Jahre bewarb ich mich damit bei Verlagen.

Doch ich erntete nur Absagen. Ein Verlagsleiter rechnete mir vor, dass allein der Einstieg mehr als 30.000 Franken kosten und es Jahre dauern würde, bis man schwarze Zahlen schreiben könne.

Doch mein Entschluss stand fest: Ich wollte ein Journal in dieser Art herausgeben.

Ganze 500 Franken investierte ich in den Druck der ersten Ausgabe, die auf Anhieb Abonnenten und Inserenten fand. Eine Ausgabe später kam das Heft „Das Wassermannzeitalter“ mit einer Auflage von 1.000 Exemplaren an die Kioske und fünf Jahre später hatte es mehr als 1.000 Abonnenten, über 10 Seiten Inserate und war in Deutschland, Luxemburg, der Schweiz und Österreich mit einem Druck von 30.000 Exemplaren vertreten. Als ich dieses im Jahr 1996 aufgrund eines persönlichen Umbruchs verkaufte bekam ich dafür einen sechstelligen Betrag.

Fazit: Ich ließ mich vom strengen Saturn (Normen) nicht beirren und wurde zum Traumtäter, d.h. ich konnte meinen Traum (Neptun) in die Tat (Mars) umsetzen.

Mit Whisky im Blut

Man kennt Fische-Geborene, die trinken keinen Tropfen Alkohol. Dieses zur Rechtfertigung, wenn es heißt, dass Fische suchtgefährdet seien.

Doch es gibt auch Neptunier (die man in allen zwölf Zeichen findet), die das Maß des Guten überschreiten.

Ein Schotte mit Fische-Sonne war Mitglied in unserem Darts-Club und dafür bekannt, dass er dann, wenn er „mehr Whisky als Blut intus" hatte, unschlagbar war. Nicht selten musste er sich, zum Jux der anderen, mit zwei Fingern an der Wand abstützen, aber seine Pfeile fanden auch dann sein anvisiertes Ziel. Erzählte er seinen stets interessierten und amüsierten Zuhörern Geschichten, so wusste man nie, ob diese nun Phantasie oder Realität waren. Sein chaotischer Lebenswandel verlangte seinen Tribut; er starb nach einem Schlaganfall im Rollstuhl mit kaum 60 Jahren.

Horoskop mit indirektem Fische/Neptun-Thema

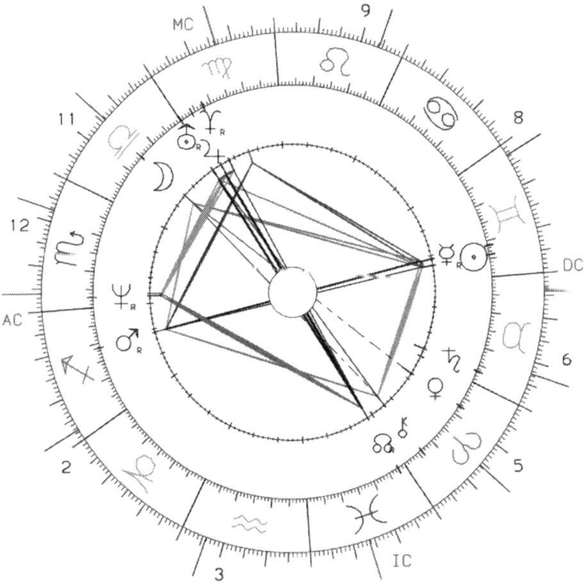

Hier haben wir die Sonne in den Zwillingen, aber der Regent des Wasserzeichens Fische, der Neptun, steht direkt am Aszendenten (AC), d.h. in Konjunktion und damit sehr markant!

Nachwort

Eltern sind nicht an allem Schuld.

Interview aus dem Magazin „Visionen"
„Eltern bestimmen entscheidend über die Entfaltung der ihnen anvertrauten Kinder mit – für deren Lebensschicksal sind sie aber nicht allein verantwortlich."

Visionen: Bei der Frage, wie weit die im Horoskop verzeichneten Anlagen eines Kindes tatsächlich zur Entfaltung kommen, spielt die Erziehung eine zentrale Rolle. Das haben wir in den zwölf Folgen dieser Serie gesehen. Wird Eltern damit nicht eine schier untragbare Verantwortung aufgebürdet? Liegt es an ihnen, wenn ihre „Sternenkinder" nur „Sternchenkinder" werden?

Roland Jakubowitz: Zu dieser Problematik gibt es einen Witz: Zwei Jugendliche sitzen im Wartezimmer eines Psychologen. Meint der eine zum anderen: „Dieser Psychologe ist wirklich gut. Er schiebt alles den Eltern in die Schuhe."

Auch wenn Eltern (und Großeltern) oft entscheidend über die Entfaltung der ihnen anvertrauten Kinder mitbestimmen – für das daraus resultierende Lebensschicksal eines Kindes sind sie nicht allein verantwortlich. Genauso wie sich in der Partnerschaft bei näherem Hinsehen oft herausstellt, dass doch genau der Partner zu einem passt, der eigentlich nicht zu einem passt, steht zwischen Kind und Eltern eine Geschichte. Der spirituelle Meister Sant Kirpal Singh sagte einmal: „Kinder – das sind unsere Schulden aus früheren Inkarnationen." Es ist also kein Zufall, dass eine Seele gerade die Menschen anzieht, die sich förderlich oder hemmend auf sie auswirken. Zwischen Kind und Eltern besteht ein karmisches Band. Sie sind damit „karmische Knetmasse".

Visionen: Sie befassen sich auch mit pränataler Astro-Diagnostik, also mit den Seelenprägungen, die vor einer neuen Inkarnation erfolgen: „Da das Kind aus der Mutter herauswächst und somit bis zur Geburt ein Mutterteil ist, werden alle in dieser Zeit gesammelten Eindrücke, Erfahrungen, Konsequenzen/Rückschlüsse aus den Erlebnissen der Mutter 1:1 vom Kind als eigene Entscheidungen interpretiert", schreiben Sie in Ihrem Fach-Journal „Astrologie & Gesundheit" (Nr. 30, November 2010, S. 18). Das klingt wiederum sehr erschreckend: Sind wir diesen frühen Prägungen nicht doch hilflos ausgeliefert?

Roland Jakubowitz: Nein. In den Veden steht, dass der Mensch nur etwa zu einem Drittel vorherbestimmt ist. Der Zellbiologe und Epigenetiker Bruce Lipton („Intelligente Zellen") sagt: „Der Geist ist stärker als die Gene" und spricht von 50 Prozent Bestimmung. Genauso viel sei über Wahrnehmung und Einstellung korrigierbar. Dabei erweist sich die Pränatalhoroskopie als ein entscheidender Schlüssel zur individuellen Weiterentwicklung, denn sie liefert gewissermaßen die Rezeptur dafür.

Und wir brauchen dazu nicht einmal Informationen von den Eltern – die oftmals nicht mehr auf der Welt sind –, sondern nur den Blick ins Horoskop. Dort steht, wie gesagt, was war und nicht mehr sein soll.

Visionen: In der Serie „Kinder und Sterne. Astrologie als Entwicklungshelfer" (VISIONEN 3/2010-2/2011) werden jeweils günstige und ungünstige Entwicklungsresultate der zwölf Tierkreiszeichen-Kinder gegenübergestellt. Was kann man als Erwachsener konkret tun, um nachzureifen und versäumte oder nicht geglückte Entwicklungsschritte nachzuholen?

Roland Jakubowitz: Die *Motivations-Astrologie* zielt darauf ab, den Menschen in seiner Entwicklung zu fördern und ihm bei seiner Heranbildung zum „wahren Menschen" beizustehen. Alles auf Erden und im Kosmos ist dynamisch, entwickelt sich. Nichts ist statisch, und daher ist es logisch, dass auch die Themen und Anlagen im Horoskop jederzeit weitergefördert werden können, damit sie sich nicht zurückbilden oder ganz verkümmern.

Erster und zweiter Schritt: Nach *Ausdeutung des Lebenshoroskops* geht es im zweiten Schritt ins *Coaching*, das heißt der Betreffende bekommt Anregungen, wie er nach diesem ersten wichtigen Schritt der Erkenntnis mit herkömmlichen und alternativen Methoden eine gewünschte Veränderung beschleunigen kann.

Zuvor wurde er gegebenenfalls von dem kindlich-naiven Denken weggeführt, dass „irgendwann schon etwas passieren wird", das seine Probleme von selbst löst. Der Klient wird im Gegenteil angehalten, selbst aktiv zu werden: „Hilf dir selbst, dann hilft dir Gott", heißt es ja. Nun geht es ans „Wann? Wie? Wo?". Im Talmud steht: „Wenn ich es nicht tue, wer dann? Und wenn nicht jetzt, wann dann?"

Dritter Schritt: Nutzt der Klient die Informationen über Methoden, die seine (weitere) Entwicklung beschleunigen können, ist er auf dem besten Weg zum deblockierte(re)n, freie(re)n Menschen. Da diese Wandlung nicht von heute auf morgen möglich ist, darf er in all den Wochen, Monaten oder Jahren, die sie vielleicht in Anspruch nimmt, auf *astro-psychologischen Beistand* zählen: Durch sporadische Sitzungen im Astro-Coaching oder indem er sich innerhalb von eineinhalb bis zwei Jahren im Rahmen einer *Astrologie-Ausbildung* vertiefend in sein eigenes Horoskop einarbeitet. So wird er in die Lage versetzt, selbst seine Zeitqualitäten zu berechnen. Außerdem bekommt er auf diesem Wege die Möglichkeit, sich über Horoskop-Vergleiche karmische Affinitäten bei all den Menschen bewusst zu machen, die ihm begegnen, und parallel dazu auch die damit zusammenhängenden Aufgaben, Chancen und Möglichkeiten zu erkennen.

Zum guten Schluss: Um den üblichen Schlusssatz abzuwandeln, der am Ende aller zwölf Serienfolgen stand: Wir sind alle potenzielle „wahre Menschen". Jeder von uns hat alle nötigen Anlagen dazu im Horoskop. Es liegt daher auch in unserer Reichweite, sie angemessen auszubilden. Doch dazu müssen wir sie natürlich kennen.

Fragen: Doris Radke.

Anhang

Zwillingsgeburten

Manchmal hören wir Astrologen, dass an der ganzen Horoskopie nichts dran sein kann, weil bei Zwillingsgeburten ganz verschiedene Reaktionen wahrgenommen werden, z.B.: Der eine ist lebhaft, aggressiv und plagt sein stilleres Geschwister, das sich nicht mal zur Wehr setzt. Doch gerade das ist der beste Beweis für die Astrologie, haben doch beide mit einem Mars-Thema zu tun. Der Mars stellt ihnen die Aufgabe, sich mit dem Thema Aggression auseinanderzusetzen. Der eine lebt es im Destruktiven, der andere im Defizitären. Eine Form des Austausches, wie sie oft bei Zwillingsgeburten, die meist so gut wie dasselbe Horoskop haben, festzustellen ist.

In entfernter Verwandtschaft gab es Zwillingsbrüder. Beide waren Lehrer und wiesen darauf hin, dass sie doch verschieden seien: Der eine würde Geschichte, der andere aber Mathematik unterrichten. Mein Argument, dass sich doch beide in einer Lehrtätigkeit befänden und der eine von ihnen stattdessen nicht Socken verkaufe, ließen sie nicht gelten, sagten jedoch: „Es ist schon komisch. Immer wenn es dem einen schlecht oder gut ging, war das auch beim anderen so."

Kosmische Zwillinge

Ich erinnere mich an die Anfangszeit meines Astrologie-Studiums, das war in den 60er-Jahren. Damals erzählte man, dass ein Bäcker am gleichen Tag, im gleichen Jahr (also Tag *und Jahr* müssen gleich sein!) wie ein Prinz zur Welt kam und sich auf anderer Ebene viele Parallelen ergaben. Beide heirateten zur gleichen Zeit, und als der

Prinz zum König gekrönt wurde, eröffnete der Bäcker sein eigenes Geschäft. Nachfolgend Markantes zur heutigen Zeit:

„Mein Leben mit der Königin.“

Dass eine Erziehung, die unterschiedlicher kaum sein kann, großen Einfluss hat, sich dies jedoch nicht entscheidend auf die Wege des Schicksals auswirkt, lesen Sie hier:

Mein Geburtsdatum und das von Annemarie von Griechenland ist dasselbe: Wir sind beide am 30. August 1946 geboren, sogar fast zur gleichen Stunde und Minute, sodass sie wie ich den Aszendenten im Schützen hat.

Annemarie von Griechenland (ehemals von Dänemark) wurde in ein Königshaus geboren, wo emotionale Kontrolle, Rituale und Normen die Regel sind.

Ich dagegen in ein Elternhaus, in dem sich der lebensfrohe, sportbegeisterte Vater kaum um Vorgaben, Gebote und Regeln scherte, sondern bis ans Ende seines langen Lebens ein Rebell gegen Autoritäten war.

Gemeinsam ist zunächst, dass Annemarie und ich am Meer aufgewachsen sind und früh das Heimatland verließen. Sie wanderte nach Griechenland aus, ich mit gerade 19 Jahren in die Schweiz. (Vermutlich hat sie in Athen, wie ich in Bern, die gute jodhaltige Seeluft und die Möwen sehr vermisst. – Aber das ist zweitrangig). Beide heirateten wir sehr jung. Sie einen Zwillinge-Mann, den griechischen König Konstantin, ich die Zwillinge-Frau Charlotte. 1969 bekam Annemarie einen Sohn, 1970 kam meine Tochter zur Welt, die auf Wunsch meiner Frau Nicole getauft wurde. Dass sich hier schon eine erste Parallele ergab, erfuhr ich erstmals, als ich las, dass ihr Sohn Nicolaos hieß und am gleichen Tag wie unsere Tochter mit Verdacht auf Vergiftung ins Krankenhaus kam. Was bei ihm eine Tablette war, war bei Nicole eine Zigarette. Es stellte sich dann, Gott sei Dank, bei beiden heraus, dass es nichts Ernstes war, mussten sie doch nur einen Tag in der Klinik verbringen.

Bei der Dänen-Prinzessin (Griechenkönigin) spielte wie bei mir das Militär eine schicksalhafte Rolle. Ich verließ Deutschland vor meiner Einberufung, weil ich nach Abschluss meiner Lehre nicht noch eineinhalb Jahre ohne guten Lohn sein wollte, sie musste nach einem Militär-Putsch mit ihrem Mann Griechenland verlassen und emigrierte nach England.

Als ich später in den Zeitungen las, dass die Königin unter einer Ehekrise litt, ging es mir nicht anders.

Anfang der 70er-Jahre hatte ich mit meiner Familie eine Stadtwohnung bezogen, doch bereits morgens um sechs Uhr lärmte der Verkehr und raubte uns den Schlaf: „Nur weg von hier!“ Als ich zu dieser Zeit vernahm, dass die Königin mit ihrem Mann eine neue Wohnstatt suchte, weil sie in einer Villa in der Nähe eines Londoner Flughafens wohnte, bekam ich eine Gänsehaut.

Schmunzeln musste ich über eine Schlagzeile in einem Boulevard-Blatt: „Exkönig Konstantin von Griechenland und seine Frau Annemarie sind pleite und müssen die Kronjuwelen verkaufen.“ Das war ebenfalls im gleichen Monat (in den 70er-Jahren), als ich nach einem Finanzengpass einen Kredit aufnehmen musste.

Später, als ich von einem deutschen Kollegen, der die Schweiz verließ, eine komplette Schlafzimmereinrichtung geschenkt bekam, vernahm ich, dass das nun in London lebende Paar exakt zu dieser Zeit vom griechischen Staat eine Abfindung von ungefähr 100.000 Franken bekam.

Anders als ich, der 1980 geschieden wurde, blieb sie bei ihrem Mann, während ich im Jahre 1981 meine zweite Frau kennenlernte.

Doch die Gemeinsamkeiten gingen weiter:

Im Mai 1983 kam meine Tochter Désirée zur Welt. Das Geburtsdatum ihrer Tochter Theodora: Mai 1983!

Ein beruflicher Höhepunkt kam dann im Jahr 1985, als mich Dr. Paul Zemp, der Leiter des Bistums Basel zu einer Vortragsreihe einlud. Ich hielt in verschiedenen Schweizer Klöstern Vorträge über die Astrologie. Thema: „Leben aus welcher Kraft". Hier kam ich in Kontakt mit hohen kirchlichen Würdenträgern. (Und ganz nebenbei stellte ich zu meiner Freude fest, dass etwa ein Drittel der anwesenden Pastoren so etwas wie Berufskollegen waren, kannten sich diese doch in der Astrologie bestens aus.)

In dieser Zeit wurde Annemarie von Dänemark gemeinsam mit ihrem Mann vom Papst empfangen.

Als es zur Geburt meiner zweiten Tochter Aimée im Jahr 1986 kam, dachte ich: Na, jetzt ist sie ja sicher zu alt dafür. Da wird es wohl kaum nochmals Nachwuchs geben.

Aber von wegen! Auch sie bekam im gleichen Jahr, also im Alter von 40 Jahren, noch ein Kind – ebenfalls eine Tochter.

Das war für mich zugleich der Beginn einer sehr schönen Zeit, die von Lachen, Staunen, Wundern und vielen gemeinsamen Erlebnissen mit dem quirligen und fröhlichen Nachwuchs geprägt war. Eine weitere Parallele war, dass unsere Töchter über Jahre hinweg von Au-pair-Mädchen betreut wurden. Ich denke, am Königshof waren es wohl Gouvernanten.

Als es zur Taufe von Aimée kam, waren aufgrund der unterschiedlichen Konfessionszugehörigkeit ihrer Eltern sowohl ein evangelischer Pfarrer als auch ein katholischer Geistlicher anwesend und zudem noch ein hoher spiritueller Meister aus Indien. In London war Queen Elisabeth Taufpatin der jüngsten Tochter meines astrologischen Zwillings.

Und wie bei Annemarie ging es auch bei mir in den 80er-Jahren rasant bergauf: Die Astrologieschule expandierte (nicht zuletzt dank meiner tüchtigen Stier-Frau Therese). Zeitweise kamen monatlich mehr als 150 Schüler in die Ausbildungen und dreimal referierte ich als Workshopleiter an einem Weltkongress der Astrologen. Einmal vor mehr als 1.000 Personen aus aller Welt (Thema: Astrologische Pränataldiagnostik).

Viele Jahre später staunte ich einmal mehr: 1993, ich war gerade Großvater geworden, las ich, dass auch Annemarie von

Dänemark eine Enkeltochter im gleichen Alter bekommen hatte, Amelia würde sie heißen. Meine Tochter Désirée gab nach langem Suchen ihrer Kleinen den Namen Amaliah.

Spannend ist auch, dass Nicole, meine Älteste (Skorpion mit Krebs-Aszendent), seit ein paar Jahren in London lebt und arbeitet, liiert mit einem Engländer. Nicolaos zum anderen, der in dieser Stadt aufgewachsen ist, lebt dort mit einer gebürtigen Schweizerin aus Gstaad.

Und Gstaad war jener Ort, wo sich meine Wege und die von Annemarie und ihrem Mann Konstantin von Griechenland kreuzten. Ich durfte ihre Hand schütteln und als ich sie vor mir sah, dachte ich: „Mein Gott, ist das eine starke Frau. *Sie* hat wohl zu Hause die Hosen an." Und als sie ihr Horoskop entgegennahm, klangen mir ihre Dankesworte in perfektem Englisch noch heute wie Musik in den Ohren: „Very kind."

Die Bühnen, auf denen wir leben, sind zu unterschiedlich, als dass wir uns nochmals im Leben begegnen werden, aber doch weiß ich: Wenn es ihr gut geht, dann auch mir, und wenn es mir schlecht geht, ihr auch. Daher auch der Satz: „Mein Leben mit der Königin."

All diese Synchronizitäten machen mich demütig, gibt es doch Gesetze zwischen Himmel und Erde, in die wir nur einen kleinen Einblick haben und die funktionieren – egal ob man daran glaubt oder nicht.

Ich bin ja ganz anders ...

Vielleicht werden Sie festgestellt haben, dass vieles unter ihrem Tierkreiszeichen aufgeführt ist, was nicht auf Sie zutrifft. Oder Sie haben sich bei einem ganz anderen Zeichen besser erkannt. Ursache ist, dass an allen Tagen die aufgeführten Prinzipien von Mars bis Neptun am Aszendenten stehen, und somit gibt es täglich „Mars-,

Venus-, Merkur- usw. Geborene". Oder: Sie sind z.B. Widder und stellen fest, dass noch ganz andere Dinge auf Sie zutreffen. Auch das wird mit dem Blick ins individuelle Horoskop erklärbar.

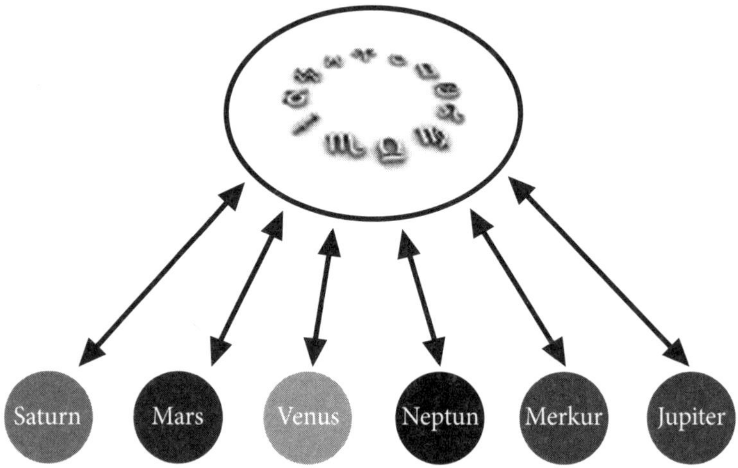

Der auf den vorangegangenen Seiten aufgeführte Sonnenstand wird in den meisten Fällen zutreffen und nicht selten zu Aha-Erlebnissen führen.

Leben die kleinen Kinder mehr ihrem Mond nach als der Sonne?

Nein, nicht grundsätzlich. Unter gewissen Umständen: ja.

Man hört immer wieder, dass Kinder in den ersten Jahren mehr ihren Mond als die Sonne leben. Das kann ich in der Erfahrung mit meinen drei Kindern und auch dem Enkelkind nicht bestätigen.

Désirée war schon von klein auf ein ungemein geistig bewegliches Wesen: typisch Zwillinge (Zitat: „nein Papi. Ich bin keine Quasselstrippe!"), Aimée, eine im Zeichen Löwe Geborene mit Mond im Steinbock, stets dominant und selbstbewusst. (Als sie, kaum 4-jährig, von der Babysitterin aufgefordert wurde, ins Bett zu gehen, antworte sie: „Ich geh nicht ins Bett. Hier befehle ich im Haus!") Und Nicole, mit dem Mond im Zeichen Jungfrau, hat mit ihrem Interesse an Geheimnisvollem früh ihre Skorpion-Sonne ausgelebt.

Ich denke daher, dass die Sache mit dem Mond wohl nur dann zutrifft, wenn Eltern die der Sonne zugeordnete Dynamik zu wenig fördern.

Enkelin Amaliah ist Widder und hat den Mond im Stier. Bei ihr kommt deutlich die Widder-Sonne zur Geltung. Sie bestimmt in ihrem Freundeskreis, wo es lang geht, und meldet rasch und unverblümt ihre Bedürfnisse an, zudem hat sie Freude an spielerisch-kämpferischen Auseinandersetzungen, neckt gerne und probiert aus, wie weit sie mit ihren Willensäußerungen gehen kann. Sie wird in ihrer temperamentvollen Eigenart von Mama, Papa und von ihren Großeltern so akzeptiert. (Nur wenn es zu weit geht, zeigen ihr diese Grenzen auf.)

Lebt man erst nach 40 seinen Aszendenten?

Ist es der Fall, dass man erst mit über 40 Jahren seinen Aszendenten lebt? Die Antwort lautet „Ja", wenn die Voraussetzungen schlecht sind. Dies braucht aber nicht zu sein, wenn der Betreffende früh in seiner Anlage gefördert wurde.

Wird ein Mensch gegen sein Horoskop erzogen, so kann es durchaus sein, dass er – vielleicht wenn er die 40 schon überschritten hat – von einer Fachperson aus der psychologischen Astrologie erfährt, wer er eigentlich ist, und erst dann beginnt, „der zu werden, der er ist."

Aber warum sollte man so lange warten?

Erzieher, welche die Persönlichkeit des Heranwachsenden fördern, ohne ihm ihre Maßstäbe aufzuzwingen, tragen dazu bei, dass der Betreffende von Beginn an seinen Aszendenten lebt.

So wie es meine Tochter Désirée mit ihrem Skorpion-Aszendenten erfahren hat, die von früheren Leben sprach, wie meine Tochter Aimée, die mit Mars am Steinbock-Aszendenten früh ihre hohe Dynamik ausleben konnte, auch indem sie dem Papa beim Tennis mal die Bälle um die Ohren schlagen durfte oder mit ihm Darts spielen ging, wie meiner Tochter Nicole, mit fünf Planeten im fünften Haus, die im Alter von sechs Jahren einen Zettel schrieb: „Wichtig. Balet." Und die hernach ins Ballett durfte. Später spielte sie in Theatergruppen mit.

Und ich selbst durfte – was heute nicht mehr möglich ist – bereits im Alter von sechs Jahren jedes Jahr in den Sommerferien allein mit dem Zug von Brackwede nach Cuxhaven zu meinen Großeltern fahren – mit Umsteigen in Kassel und Altenbeken.

Mein Aszendent ist Schütze! Und der musste nicht warten.

Im Horoskop finden wir:

Planeten	**Zeichen**	**Häuser und Aspekte**	
Planeten =	Schauspieler		zwölf verschiedene Methoden des Lebens, zwölf verschiedene Methoden zu lieben, Probleme zu lösen, zu arbeiten, sein Leben zu gestalten Talente, Fähigkeiten
Zeichen =			Bekleidung, Kostüm, wie oben
Häuser =	Bühne		zwölf verschiedene Arten des Aufenthaltes, Raumgestaltung, der Konzentration auf einen Ort

Planeten	Zeichen	Häuser und Aspekte	
Aspekte =	Drehbuch	Quadrate	Aufgaben, Chancen (Lebensversicherung) Erfolg durch Überwindung von Widerstand, Beseitigung eines Hemmnisses
		Opposition	Aufgaben, Chancen, Erfolg durch Ausgleich einer Spannung durch Überwindung von Stress
		Trigon	Talente, Erworbenes, Gelöstes, Stärke. Erfolg durch bewusstes Einsetzen der Fähigkeit (Verwertung des Vorhandenen)
		Sextil	Wie oben. Muss aber noch bewusster angegangen werden
		Konjunktion	Verschmelzung, Partnerschaft zwischen zwei oder mehreren Kräften oder Störungen, Irritierung, ungewünschter Kontakt, die Chance, etwas Neues kennenzulernen

Information zu den Daten der Tierkreiszeichen

Die Sonne steht zu folgenden Zeiten in den Zeichen:

Widder	21.03. bis 20.04.
Stier	21.04. bis 21.05.
Zwillinge	22.05. bis 21.06.
Krebs	22.06. bis 22.07.
Löwe	23.07. bis 23.08.
Jungfrau	24.08. bis 23.09.
Waage	24.09. bis 23.10.
Skorpion	24.10. bis 22.11.
Schütze	23.11. bis 21.12.
Steinbock	22.12. bis 20.01.
Wassermann	21.01. bis 19.02.
Fische	20.02. bis 20.03.

Wie alle Planeten und der Mond wechselt auch die Sonne (laienhaft: das Tierkreiszeichen) nicht Punkt Mitternacht das Zeichen, sondern jeweils zu ganz verschiedenen Tageszeiten. So kann es sein, dass ein in den Morgenstunden Geborener die Sonne in einem anderen Zeichen hat, als jener, der in den Abendstunden zur Welt kam.

Beispiel:

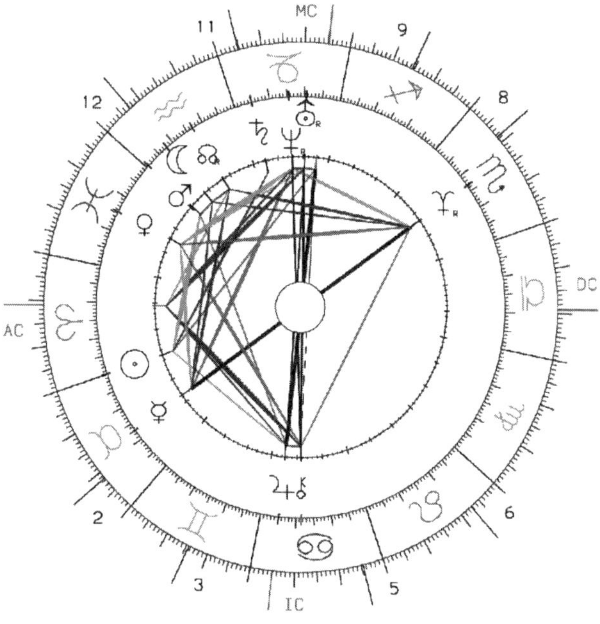

20. April 1990, sechs Uhr: Widder mit Mond im Wassermann. Morgens um sechs Uhr befindet sich die Sonne noch im Zeichen Widder. Der Horoskopeigner sagt: „Ich bin Widder."

Standardwerke der Astrologie

FRIEDRICH A. MAIER

Familienastrologie

Systemische Deutungsbilder für das eigene Horoskop

281 Seiten, Hardcover
ISBN 978-3-89997-207-8

Die systemische Astrologie geht davon aus, dass der Mensch schicksalhaft in ein bestimmtes Familiensystem hineingeboren wird, um dort eine Aufgabe oder einen Auftrag zu übernehmen bzw. seinen angemessenen Platz einzunehmen. Im ersten Teil dieses Buches beschreibt der Autor zunächst die Charakteristika von Systemen. Die weiteren Kapitel widmen sich intensiv den Zuordnungen und Deutungsmustern. Schwerpunkte bilden hier die Stellung von Sonne und Mond in den einzelnen Tierkreiszeichen und die systemischen Hintergründe des Aszendenten. Die Beziehungen zwischen den Familienmitgliedern lassen sich besonders deutlich an den Planetenaspekten erkennen. Hier finden Sie u.a. systemische Deutungsbilder zu allen möglichen Horoskopkonstellationen. Dieses Buch eröffnet Ihnen einen neuen Blick auf Ihre Familie. Es offenbaren sich Ihnen manche überraschende Einsichten in ihr persönliches Horoskop, das dann ein verändertes und lebendiges Gesicht bekommt.

„Seine einleuchtenden systemischen Deutungsbilder zu den unterschiedlichsten Konstellationen des Horoskops geben den Leserinnen und Lesern ein fassliches Instrument systemischer Anschauung in die Hand.“

Astrologie Heute Nr. 160

CHIRON VERLAG

Standardwerke der Astrologie

INGRID ZINNEL

Familienkonstellationen im Horoskop

Verstrickungen und Lösungen
aus astrologischer Sicht
264 Seiten, kartoniert, 10 Abbildungen

ISBN 3-925100-938

Das Buch von Ingrid Zinnel bietet eine Zusammenführung der Astrologie mit der Arbeit des Familienstellens nach Bert Hellinger. Auf einfühlsame Weise ermöglichst sie den Lesern, systemische Strukturen im Horoskop zu erkennen und Familienkonstellationen zu erforschen. Dabei ist es ihr wichtig, nicht nur Verstrickungen aus dem Horoskop herauszulesen, sondern auch gleichzeitig Lösungswege aufzuzeigen. In einem einleitenden Kapitel werden zunächst die Grundsätze der systemischen Familientherapie erläutert. Anschließend wird das Horoskop als Familienbild aufgeschlüsselt. Dabei stellt die Autorin die Planeten als Symbole ins Zentrum einer Analogiekette. So lassen sich beispielsweise Verstrickungen anhand der Pluto-Stellung erkennen. Neptun verweist auf Familiengeheimnisse und Bindungen aus dem Jenseits, Uranus auf die Ausgegrenzten innerhalb der eigenen Sippe. Der Autorin ist es aber auch wichtig, nicht nur Verstrickungen herauszulesen. Vielmehr zeigt sie dem Leser immer auch Lösungswege und gibt Anweisungen für Lösungs-Rituale.

Ein wertvolles Buch für alle Leser, die den Schatz der Familiengeschichte und ihrer Herkunft mit Hilfe der Astrologie ausgraben, verstehen und bearbeiten möchten. *Meridian*

CHIRON VERLAG

Standardwerke der Astrologie

ANITA CORTESI

Kinder-Horoskope deuten und verstehen

Astrologie als Schlüssel zum Kinderherzen

360 Seiten, Paperback, 14 Abbildungen
ISBN 978-3-925100-57-4

Anita Cortesi kann sich auf wunderbare Weise in die Hoffnungen, Sehnsüchte und Bedürfnisse von Kinderherzen einfühlen und diesen Ausdruck geben. So werden beispielsweise die zwölf Archetypen des Tierkreises aus der Sicht des Kindes dargestellt, so als würde das Widder-, Stier-, ... -Kind direkt zum Leser sprechen. Cortesis Buch ist jedoch keines der üblichen Sonnenstands-Kinderbücher, sondern wesentlich astrologischer und psychologischer aufgebaut. Neben einer Einführung in die Entwicklungspsychologie geht die Autorin auch auf den Nutzen und die Gefahren bei der Deutung von Kinderhoroskopen ein, stellt eine ganze Familie mitsamt Horoskopen und Familiendynamik ausführlich dar, schildert Projektionsmechanismen im Familiensystem und wendet sich somit nicht nur an astrologisch interessierte Eltern, sondern auch an beratend tätige Astrologen. Den Hauptteil des Buches bilden jedoch die einzelnen Kapitel zu den Deutungsbausteinen des Kinderhoroskops, angefangen von den vier Elementen, den zwölf Aszendententypen, der Bedeutung der Mondknoten bis hin zu jedem einzelnen der zehn Planeten sowie Chiron. Jede Planetenthematik wird ausführlich und unter Berücksichtigung von entwicklungspsychologischen Gesichtspunkten dargestellt.

»Wer das gelesen hat, der wird sowohl Kinder als auch seine eigene Kindheit mit anderen Augen sehen, seine eventuell vorhandenen Ängste in Bezug auf ›schwierige‹, Konstellationen relativieren und den ihm anvertrauten Kindern bzw. Klienten neue Potentiale und Entwicklungsmöglichkeiten aufzeigen können.«

Meridian

CHIRON VERLAG

Standardwerke der Astrologie

CHRISTL OELMANN

Der Rote Faden durch das Kinderhoroskop

Astrologische Deutung und psychologische Unterstützung

280 Seiten, Hardcover
ISBN 978-3-89997-203-0

Christl Oelmann betrachtet im ersten Schritt immer die Horoskope der Eltern und unternimmt anschließend den Horoskopvergleich zwischen Kind und Eltern. Ganz deutlich arbeitet sie die Besonderheiten bei der Herangehensweise an ein Kinderhoroskop heraus, denn Kinder leben ihr Horoskop eher unbewusst. Im Hauptteil des Buches beschreibt sie ausführlich die Deutung der Elemente, Achsen, Planeten und der Häuser. Dabei geht sie jeweils getrennt auf Säuglinge bzw. Kleinkinder sowie auf Schulkinder ein. Sie erfahren in diesem Buch sehr viel über Ihre Eltern und sich selbst als Kind. Vor allem aber können Sie die Bedürfnisse ihres eigenen Kindes ergründen und begegnen den Schwierigkeiten, die naturgemäß im Laufe seines Erwachsenwerdens auftreten werden, nicht völlig unvorbereitet. Alles in allem ein umfassendes Handbuch, mit dem Sie eine optimale Unterstützung bei der Erziehung Ihres Kindes erhalten können.

Besonders gefallen hat mir der klare und direkte Stil der Autorin, die ohne Umschweife auf das Wesentliche eingeht, die sich sowohl in die Sichtweise des Kindes als auch der Eltern einfühlt und großes Verständnis für beide Seiten aufbringt. Sie ruft den Lesern ins Gedächtnis, wie sich die Erziehungsmethoden im Laufe der Zeit verändert haben, und zeigt auf, was Erziehung tatsächlich bedeutet, welche Herausforderungen Kinder für Eltern darstellen (können) - und umgekehrt.

Astrologie Heute 157

CHIRON VERLAG

Standardwerke der Astrologie

BARBARA EGERT

Kindheitserfahrungen im Horoskop

Sich die Schatten der Kindheit bewusst machen und aufarbeiten

240 Seiten, Hardcover, 20 Abbildungen
ISBN 978-3-89997-182-8

Die Astrologie ist eine große Hilfe, um sich die Schatten der Kindheit bewusst zu machen. Sie gibt Hinweise, wie diese so tief sitzenden problematischen Prägungen aufgelöst und gewandelt werden können. Die Autorin beschreibt zunächst das Dilemma von Nähe und Freiheit sowie die Trennungs- und Verlassenheitsängste des Kindes. Diese können sich später als Verletzung manifestieren. In diesem Buch erfahren Sie, dass sich die grundlegenden Erfahrungsmuster mit den Eltern in Ihrem Horoskop erkennen lassen. Es wird erläutert, welche Auswirkungen eine missglückte Kindheit haben kann, was die häufigsten Folgen sind und auf was sie bei einer astrologischen Betrachtung besonders achten müssen. Vor allem werden Ihnen dadurch Heilungsmöglichkeiten und Auswege verdeutlicht, so dass Sie mit den Schatten Ihrer Kindheit besser umgehen können.

»In ihrem neuen Buch Kindheitserfahrungen im Horoskop geht es genau darum. Auf umfassende und tiefsinnige Weise stellt die Autorin hier die verschiedenen psychologischen Schattenproblematiken und deren Bezüge zum Horoskop dar. Das ist äußerst lehrreich und gibt einen facettenreichen Einblick in das vielfältige Muster, in das sich Kindheitserlebnisse, Bezugspersonen, Radixplaneten und Transite, Einsichten und Hilflosigkeiten, Gefühle und Verdrängungen einweben.«

Astrologie Heute Nr. 141

CHIRON VERLAG

Standardwerke der Astrologie

ALEXANDER VON SCHLIEFFEN

Im Netz der Beziehungen

Die astrologische Sicht auf prägende Beziehungsmuster vom Kind bis zum Erwachsenen

Hardcover, 148 Seiten
ISBN 978-3-89997-215-3

Beziehungen verschiedenster Art bestimmen unser Leben. Sei es der Bezug zum eigenen Körper, das Verhältnis zu Eltern und Geschwistern, zwischenmenschliche Partnerschaften oder die vielfältigen Vernetzungen zum gesellschaftlichen Umraum. Wir leben alle diese Beziehungen, allerdings jeweils mit unterschiedlicher Intensität. Der Autor zeigt auf, welche Beziehungsmuster vorliegen können und wie diese mit den Quadranten des Horoskops zusammenhängen. Die Geschwisterfolge und deren Auswirkung auf das eigene Selbstverständnis wird eingehend betrachtet. Ebenso die Konsequenzen, wenn Beziehungsmuster, die für den einen Lebensbereich stimmig sind, in einen anderen verschoben werden. In diesem Buch erfahren Sie nicht nur, wo Sie derzeit stehen, sondern auch, was Ihre Lebensaufgabe ist, wie Sie kommunizieren und wie sich Ihre erotische Grundspannung zeigt.

„Das Buch zu lesen ist obendrein ein reines Vergnügen, da der Autor als Philosoph, Künstler und Astrologe seine Weltsicht sensibel, hoch intelligent, sprachgewandt und humorvoll einfließen lässt. Unbedingt lesenswert!“

Meridian 3/2013

CHIRON VERLAG